로버트 윅스의
영적 성장

Everyday Simplicity – A Practical Guide to Spiritual Growth
by Robert J. Wicks

Copyright 2000 by Sorin Books
Korean Copyright 2009, 2023 by Catholic Publishing House, Seoul, Korea
All rights reserved.

로버트 윅스의 영적 성장

2008년 10월 15일 교회 인가
2009년 6월 30일 초판 1쇄 펴냄
2023년 2월 17일 개정 초판 1쇄 펴냄
2023년 9월 18일 개정 초판 2쇄 펴냄

지은이 · 로버트 J. 윅스
옮긴이 · 이찬
펴낸이 · 정순택
펴낸곳 · 가톨릭출판사
편집 겸 인쇄인 · 김대영
편집 · 이아람, 정주화
디자인 · 정진아
마케팅 · 임찬양

본사 · 서울특별시 중구 중림로 27
등록 · 1958. 1. 16. 제2-314호
전자우편 · edit@catholicbook.kr
전화 · 1544-1886(대표 번호)
지로번호 · 3000997

ISBN 978-89-321-1851-2 03230

값 15,000원

성경 ⓒ 한국천주교중앙협의회, 2023

이 책의 한국어 출판권은 (재)천주교서울대교구 가톨릭출판사에 있습니다.
저작권법에 의해 한국 내에서 보호를 받는 저작물이므로 무단 전재와 무단 복제를 금합니다.

가톨릭의 모든 도서와 성물을 '가톨릭출판사 인터넷쇼핑몰'에서 만나 보실 수 있습니다.
http://www.catholicbook.kr | (02)6365-1888(구입 문의)

Everyday Simplicity

A Practical Guide to Spiritual Growth

로버트 윅스의
영적 성장

로버트 J. 윅스 지음 | 이찬 옮김

가톨릭출판사

§

나는 1987년부터 거의 매년 여름마다 버몬트주에 있는 성 미카엘 대학에서 강의를 했다. 강의가 끝난 뒤, 학생들이 보여 준 반응은 내게 큰 힘이 되었다. 강의가 끝나자마자 반응이 나타나기도 했고, 몇 년이 흐른 후 우연히 만난 졸업생들이 이야기해 주기도 했다. 더 감사한 사실은 수업 중에 학생들이 던진 질문과 의견으로 내가 새롭게 눈을 뜨게 되었다는 것이다. 그 강좌에서 만난 학생들 덕분에 내 영적 여정은 훨씬 더 나은 방향으로 나아가게 되었다.

이 작은 책자에 그들을 향한 감사의 마음을 담아 바친다.

기도를 잘하기 위해서는 교육, 훈련, 성찰, 관상이 필요하다.

다른 이와 더불어 기도하는 것만으로는 충분하지 않고,

자신만의 성스러운 장소를 만들고,

벽돌을 하나하나 쌓아 가듯이,

묵상의 순간에 집중하며 기도에 몰두해야 한다.

— 아브라함 조슈아 헤셀

· 책머리에 ·

훌륭한 편집자와 발행인을 친구로 둔 나는 작가로서 축복받은 사람이라고 생각한다. 내 작품을 잘 이해하고, 철학적인 사고를 잘 드러나게 도와주는 전문가들과 함께 일하는 것은 아주 중요하다. 전문가의 도움을 받은 작품은 도전에 직면한 삶을 살아가고 있는 많은 이들에게 고통을 견디어 낼 수 있는 힘을 준다. 또한 그들이 기쁘고 평화로운 삶을 살아갈 수 있도록 돕는다. 이들의 도움이 없었다면 이 책은 결코 출판될 수 없었을 것이다.

수년 동안 소린북스의 발행인이었던 프랭크 커닝햄과 편집장 밥 해머가 이를 가능하게 했다. 그들은 평범함, 자기 존중감, 우정에 관한 나의 책 《일상 안에서의 거룩함 *Touching the Holy*》를 출판했고, 이 책은 베스트셀러가 되었다. 내가 이 책을 쓰도록 권유한 것도 영적인 도움과 지침을 원하는 이들을 돕고, 격려해 주라는 차원이었음을 깨달았다. 귀중한 제안을 해 준 기획 책임자 존 커번 씨에게도 감사의 마음을 전한다. 그는 사람들이 무엇을 필요로 하며, 원하는 것을 실제로 효과 있게 전달할 수 있는 방법이 무엇인지 잘 알고 있다.

나의 조수인 스테이시 로우크 또한 이 책을 완성하는 데 큰 도움을 주었다. 스테이시는 7개월이 넘는 기간 동안 내 원고를 읽고 타이핑해 주고, 용기를 북돋아 주었다. 스테이시가 내게 "원고가 점점 기막히게 훌륭해지고 있어요."라는 쪽지를 전해 주었을 때, 실은 거의 탈진한 상태였다. 감사해요, 스테이시.

사람들이 공통적으로 느끼는 것을 콕 집어내어 표현한다는 것은 어려운 일이다. 나의 아내 미셸이 이 책의 내용과 형식, 그리고 핵심을 잘 살펴봄으로써 신빙성을 높여 주었다. 늘 미셸에게 감사한다. 특별히 이 책의 중요한 목적을 깨닫게 해 주고, 이 책으로 인해 좋은 일들이 일어날 거라고 격려해 준 점에 대해서도 감사하게 생각한다. 이 책은 사랑의 결실로 이루어진 것이다. 미셸, 이 놀라운 경험을 하도록 도와줘서 고마워요.

차례

≡ 책머리에　　　　　　　　　7

≡ 어디서부터 시작할까?　　　14

≡ 이 책을 읽는 방법　　　　　21

제1장 · 단순함에서 찾는 삶의 진리

≡ 믿음, 새로운 지혜의 빛   34

≡ 외로움 너머에 존재하는 희망   41

≡ 단순함이 선사하는 은총   49

≡ 감사에서 찾는 더 큰 기쁨   56

≡ 영적 회상 안에서 하느님 떠올리기   62

≡ 하느님의 모상인 우리   68

≡ 지금 현재를 살아가기   73

≡ 영적인 태도 지니기   80

제2장 · 영적인 삶을 위한 작은 습관

≡ 침묵 안에서 하느님과 함께   92

≡ 하느님과 대화 나누기   100

≡ 성경, 영원불변한 지혜의 말씀   107

≡ 신앙 나누기   112

≡ 영적 독서 시작하기   118

≡ 작은 습관 실천하기   123

제3장 · 단순한 자비심 키우기

≡ 진정한 고결함 깨닫기　　　　　　　　　　　　133
≡ 슬픈 영혼을 위한 치료제　　　　　　　　　　　140
≡ 모든 것을 진심으로 받아들이기　　　　　　　　146
≡ 친절이라는 이름의 은총　　　　　　　　　　　156
≡ 자비의 삶 살아가기　　　　　　　　　　　　　164
≡ 단순함에서 찾은 진정한 자유 ― 짧은 에필로그　169

부록

≡ 더 의미 있는 작은 습관 만들기　　　　　　　　175
≡ 하느님을 찾고자 하는 이를 위한 영적 가르침　182

· 어디서부터 시작할까? ·

 나는 어떻게 하면 단순하면서도 견고한 영적 생활을 할 수 있을까에 관한 물음에 답하기 위해 이 책을 썼다. 영적인 삶이 어떤 것이냐고 질문을 받으면 여러 가지 생각이 떠오를 것이다. 다음의 세 가지 예시를 살펴보자.

 한 여성이 자명종이 울리기도 전에 일어나, 기도하기에 알맞은 길고 헐렁한 옷차림으로 기도 방에 간다. 그곳에 있는 성화상 앞에 초를 밝히고, 바쁜 하루 일과에 앞서 하느님께 조용히 기도를 드린다.

성실하고 열성적인 한 영업 사원이 고객에게 상품 설명을 막 마치고 나서, "오늘은 안색이 안 좋아 보이시네요."라고 말을 건넨다. 그러자 고객이 예상 밖의 대답을 한다. "우리 아들이 현재 투병 중이라 마음이 너무 고통스러워요." 그날 밤, 영업 사원은 방에 홀로 앉아 그와의 예기치 않은 유대감을 떠올린다. 그리고 어쩌면 둘의 관계가 우정으로 변해 갈지도 모른다고 예감한다.

대낮에 어떤 대학생이 학교 안에 있는 선방으로 간 후, 도반들과 함께 명상을 한다. 그는 자리를 잡고 앉아 반가부좌를 틀고 반쯤 눈을 감은 채 시선은 벽에 고정시킨다. 허리는 곧추세우고서 호흡에 정신을 모은다. 45분이 지난 후, 그는 활력이 넘치는 모습으로 방을 나선다.

위의 세 가지 이야기는 영적 삶에서 의미 있는 것이 무엇이고, 또 활력을 주는 것이 어떤 것인지를 잘 보여 준다. 그러나 영적인 삶을 산다는 것은 조용히 성찰하며 시간을 보내는 것 그 이상이다. 영적인 삶은 우리가 다음과 같이 할 때 더 발전하고 깊어질 것이다.

첫 번째, 삶의 기저에 놓여 있는 영적인 태도를 기른다. 영적인 태도를 기르는 것은 살아가면서 겪는 고통이나 혼란을 포함한 그 모든 것이 나 자신을 깊이 있게 해 주고, 삶을 더욱 의미 있도록 만든다.

두 번째, 기도에 대한 작은 습관을 만든다. 이런 습관으로 하느님과 친교를 나눌 새로운 장소를 발견하고, 또 영적으로 성장해 갈 수 있다.

세 번째, 자비로운 마음으로 다른 사람에게 나 자신을 어떻게 내어 줄 것인지 배워 나간다. 이런 자비로운 마음은 신비롭게도 우리를 소진시키거나, 버겁게 하거나, 분노케 하기보다는 힘을 주고 활기를 불어넣는다.

산스크리트어에 '아름답고 풍부하다.'라는 의미를 지닌 '비스바스visvas'라는 단어가 있다. 이 단어는 '신앙faith'이라는 영단어와 비슷하다. 비스바스는 '숨을 편히 쉬고, 믿음을 갖고, 두려움에서 해방된'이라고 번역하기도 한다. 이는 영성 생활에서 경험하고 싶어 하는 것을 잘 표현하고 있다. 누구나 편안히 쉴 수 있고, 열정과 평화를 담아낼 수 있는 곳을 찾는다. 그곳에서 새로워지고 견고해지며 또한 다른 사람들을 만날 수 있게 된다. 우리의 목표는 깨짐, 소외, 무기력, 근심, 방황, 표류 등의 감정에서 자유로워지는 것이다. 그래서 이 책은 넓은 의미에서 사람들이 체험한 평화와 기쁨을 '신앙'이라고 부른다.

  나는 10년 넘게 열고 있는 하계 강좌에서 학생들과 '영성 생활'이라는 주제에 대해 곰곰이 생각해 보았다. 1998년에 한 강좌도 예전과 다를 게 없었다. 그런데 그해 마지막 강좌는 약간 다른 시도를 해 보았다. 나는 가장 단순하고, 솔직하고, 간결한 방식으로 내가 느낀 기도 생활의 핵심 요소들을 제시했다. 여기서 핵심 요소란 개인의 영성의 주요 핵심으로, 단순하고 건전한 기도 생활을 의미한다. 나의 목표는 실제적이고 현실적인 용어를 사용하여, 건전하고 흔들림 없는 내적 생활에 대한 생각을 명확하게 정리하여 제시하는 것이었다. 그런 다음에 우리의 결심을 약화시키고, 하느님을 찾을 때 방해가 되는 요소에 관해 몇 가지 언급하고자 하였다. 물론 '영성 생활을 발전시키려면 어디서부터 시작해야 할까?'라는 기본적이지만 심오한 질문에 대해 논리적인 답변도 제시하고자 하였다.

나는 강의를 준비하면서 두 가지를 기대했다.

첫 번째, 내 강의가 학생들 각자의 영적인 철학과 그 실천(이것은 가끔 '작은 습관'이라고 불린다.)을 구체적으로 발전시킬 좋은 원동력과 비교의 기준이 될 수 있다는 것이었다. 이 목표가 중요한 이유는 인간이 하느님께 갈 때는 각자 개인적이며 독특한 길을 택하기 때문이다. 토마스 머튼은 이에 대해 영적인 삶을 "아무도 밟지 않은 눈밭에서 길을 찾는 것과 같다."고 말했다. "눈 위를 걸어가라. 거기에서 너의 길을 발견할 것이다." 그 어느 누구도 정확한 방향을 제시해 줄 수는 없다. 왜냐하면 각자의 영적 지도가 다르고 독특하기 때문이다.

두 번째, 내 강의가 학생들의 영성 생활에서 불필요한 혼란을 피할 수 있게 도움을 되리라고 기대했다. 나는 영성 생활에서 명확함을 추구하는 것은 하느님의 신비와 하느님께 대한 무지 앞에 굴복하는 방법이라고 믿는다. 이는 우리가 할 수 있는 일이 한정되어 있음을 깨달아 오직 하느님께서만 하실 수 있다는 사실을 알게 되고, 그분께 대한 인내심을 배우게 되는 것이다. 이때 영적 목표를 찾지만 용기를 잃도록 만드는 냉정한 현실에 직면하게 되거나 아무런 도움도 받지 못할 때가 있다. 이럴 때에도 단순한 성찰이 힘을 준다. 그래서 영성 생활을 새롭게 시작하고 계속해 나갈 수 있도록 한다.

나는 학생들의 미소와 호평을 듣고 강의 내용을 수정한 것이 잘한 일이라고 생각했다. 그리고 이 강좌를 들은 후에 학생들이 기도할 수 있는 장소를 발견하고, 자신들만의 독특한 방식으로 하느님을 찾는 여정이 시작될 거라는 기대를 품었다. 또한 내적으로 평화롭고 의미 있는 삶을 살고자 하는 학생들이 하느님께 다가갈 수 있도록 도움이 되었으리라 믿는다.

나는 내 수업을 듣지 않는 이들에게도 이런 점이 적용될 수 있을지 궁금했다. 아마도 가능할 거라는 생각이 들었고, 좀 더 가능성을 높이기 위해 두 가지 변화를 꾀하였다.

우선, 몇 가지 주제를 확대하고 명확히 할 필요가 있었다. 특히 강의에서 제시한 세 가지 주제를 좀 더 명백하게 해야 했다. 그 세 가지 주제는 심리적이며 영성적인 것으로, 건강한 태도의 중요성, 규칙적인 기도 실천, 그리고 충동적으로 살기보다는 자비로움을 전해 줌으로써 나의 너그러움을 발견하는 것이다. 이런 작업을 통해서 영성 생활에 도움이 되는 세 가지, 즉 태도, 기도, 자비에 대한 내 견해를 쉽게 정립할 수 있었다. 이 작업을 통해서 독자들이 내가 제시한 성찰을 쉽게 할 수 있으리라고 생각한다.

이 책이 여러분의 영적 여정에 도움을 주는 동반자가 되기를 희망하며, 도움과 사랑을 주신 모든 이에게 이 책을 바친다.

— 미국 메릴랜드주 로욜라 대학에서

로버트 J. 웍스

· 이 책을 읽는 방법 ·

"깨어 있는 사람이 되기 위해 제가 할 수 있는 일이 있습니까?"
"네가 아침에 태양을 떠오르게 할 수 없는 것과 같다."
"그렇다면 당신이 말한 영적 훈련은 무슨 소용이 있습니까?"
"태양이 뜨는 순간, 네가 깨어 있게 하려는 것이다."

— 앤소니 드멜로

    이 책은 앉아서 한 번에 죽 읽어 나갈 수 있다. 조용한 저녁이나 시원하고 상쾌한 아침 시간, 또는 비 오는 오후에 홀로 읽기 바란다. 그렇게 읽으면 내가 의미하는 '영적인 생활'을 전반적으로 이해할 수 있을 것이다. 그다음에

한 번 더 천천히, 조용한 시간에 읽기 바란다.

제1장을 읽고 잠시 침묵 속에 머무른 다음, 내 삶에 어떻게 적용시킬 수 있을지 생각해 보기 바란다. 이러한 과정을 돕기 위해 각 장마다 간단하게 성찰할 수 있도록 질문과 함께 인용문이나 성경 구절을 덧붙였다. 또한 이 책을 읽으면서 들었던 생각이나 느낌, 힘들었던 일, 글에서 얻은 기쁨을 노트나 일기장에 적길 권한다. 이 책의 질문과 인용문에 대한 생각도 포함될 수 있을 것이다. 이렇게 함으로써 자신만의 고유한 영적 삶을 더욱 잘 이해하게 되고 방향을 잡을 수 있을 것이다.

이 책은 3장과 부록으로 구성되어 있다. 특히 '부록'에 실린 '더 의미 있는 작은 습관 만들기'에서는 '작은 영적 습관'을 정할 때 궁금할 수 있는 부분에 대한 답과, 단순하지만 견고한 기도 생활을 해 나갈 수 있는 아이디어를 제공한다.

또한 '하느님을 찾고자 하는 이를 위한 영적 가르침'에서는 더 깊은 성찰로 나아가게끔 했다. 이 작은 주제들을 다시 읽고 익히면 영혼이 온화해지고, 좀 더 의미 있고 신앙심 깊은 삶을 살고자 하는 결심이 견고해질 것이다.

명료함을 추구하는 것은 삶을 선물로 주신 하느님께 경의를 표하는 것이다. 영적으로 깨어 있으면 내가 매일 받고 있는 미묘하고 극적인 은총을 깨달을 수 있을 것이다. 바로 이것이 이 책의 목적이다. 즉 성스러운 장소를 만들어, 매일 하느님을 느끼고 평화와 기쁨을 느껴 다른 사람들과 이를 나눌 수 있게 될 것이다.

제1장

단순함에서 찾는 삶의 진리

진정한 평범함은 명백한 성스러움이다.

— 《일상 안에서의 거룩함》에서

§

영성 생활을 좀 더 의미 있게 하려면 나 자신을 되돌아보아야 한다. 영적인 태도를 키우고자 한다면 아래의 질문을 읽고 곰곰이 생각해 보자.

'사람들은 나와 함께 있을 때 어떻게 느끼는 것 같은가?', '나는 진정으로 깨어 있는가? 내 삶 안에 현존하시는 하느님 앞에 깨어 있는가?', '일상에서 하는 행동이 나를 잘 드러내고 있는가?'

이 질문들의 대답이 어떠한지에 따라 영적 태도의 성숙함 정도를 알 수 있다. 이는 우리가 하느님을 포함해서 다른 이들을 얼마나 알고 있고 사랑하며 삶을 나누고 있는지 말해 준다. 영적 태도란 기도 생활이 자라나는 못자리이며, 여기서 자비의 선물이 생겨난다.

영성은 특이한 장소가 아니라 인간의 가슴에서 시작된다. 자신의 평범함을 더 많이 발견하고 더욱 평범해질 수 있다면, 매일 하느님의 현존을 더 자주 경험하게 되고 자신을 더 많이 열어 놓을 수 있게 된다. 또한 좋은 열매를 얻게 된다. 진정한 나로 존재하게 되면, 다른 이들이 그들 자신뿐만 아니라 하느님도 찾을 수 있도록 이끌어 줄 수 있다. 진정한 평범함은 명백한 성스러움이다.

한 신학생이 자신은 데스몬드 투투 대주교를 성인으로 생각한다고 말했다. 누군가 이의를 제기했으나, 그는 당황하지 않고 이렇게 대답했다.

"저는 투투 대주교님이 성인이라고 생각합니다. 제가 그분과 함께 있을 때 거룩함을 느꼈기 때문이지요."

다른 이들도 우리와 함께 있을 때 이런 거룩함을 느낄까? 아니면 내 안에 떠다니는 욕구나 분노를 느낄까? 바르게 살아가고자 하는 나의 바람을 느낄까? 마음속에 넘쳐흐르는 성령을 감지할까? 이와 반대로 마음속에 있는

지배 욕구나 억지로 사랑을 받고자 하는 강한 욕구를 느낄까? 아니면 대화조차 통하지 않아서 무력감만 느끼고 있는 것은 아닐까? 또는 지나치게 부정적인 나의 모습에 대항조차 못하고 있는 것은 아닐까?

내가 어떤 영적인 태도를 취하느냐에 따라 줄 수 있는 것과 받을 수 있는 것이 달라진다. 방어적인 태도를 버리면 솔직하고 투명해진다. 그렇게 되면 성령을 받을 수 있고, 또한 성령이 나를 통해 빛난다. 솔직해지고 투명해지지 않으면 방어적으로 살게 되고, 나 자신으로만 가득 차게 되어 스스로를 속이게 된다. 형편없는 삶의 태도를 지니고 산다면 아무리 '좋은 일, 착한 일'을 하다 해도 다른 이에게 하느님의 사랑이 전해지지 않는다. 예를 들어 선행을 행할 때, 사랑의 마음이 아닌 죄책감 때문에 한다면 무언가를 빼앗기는 기분이 들 것이다. 이런 상황에서는 자기 모습을 관리하는 데 치중하여 억지로 선행을 하기 때문이다. 그래서 맥이 빠지고 하느님의 사랑도 느낄 수가 없게 된다. 하지만 사랑을 볼 수 있는 눈만 있다면 하느님의 사랑은 어디에나 있다.

지배하고자 하는 욕망이나 나 자신에 대한 걱정으로 가득 차 있다면 깨어 있는 것은 참 어려운 일이다. 마음이 방황하고 있을 때는 자연의 아름다움과 일상이 주는 단순한 선물도 깨닫지 못한다. 차를 타고 있을 때나 한적한 시골길을 걷고 있을 때, 또는 커피를 마시면서 쉬고 있을 때 깨어 있는가? 그 순간들이 가져다주는 기쁨들을 느낄 수 있는가? 아니면 여러 생각이나 걱정 따위에 휩싸여 있는가? 일상의 삶에서 영적인 양식이 나를 살찌우고 있다는 사실에 감사하는 마음이 있는가? 아니면 그 순간들을 즐기지 못했는가?

우리 마음은 걱정과 쓸데없는 근심거리로 차 있다. 그래서 나는 여러분이 가슴으로 하느님을 체험하기 바란다. 인간은 매일매일 평화로움과 충만한 기쁨을 갈구하지만 실제로는 길을 잃고 허무감에 빠져 있다. 영적인 태도는 이런 허무감을 변화시켜 영혼을 부드럽게 한다. 하지만 이런 영적인 태도가 나에게 문제가 없다는 의미는 아니다. 또한 자신을 방어하지 않거나 어딘가에 마음을 빼앗기지 않는다는 의미도 아니다. 이런 것이 바로 삶의 모습이다. 올바른 태도를 지니기만 하면 모든 것이 제자리에 있게 된다.

영적으로 예민할수록 하느님의 사랑을 더 많이 받을 수 있고, 그분의 사랑을 더 많이 나눌 수 있게 된다. 하느님을 우리 중심에 모실 수 있게 되며, 영적인 어둠에 빠지더라도 앞을 내다볼 수 있게 된다. 또한 삶이 주는 선물을 자연스럽게 받아들일 수 있게 되고, 기도와 성찰로 얻게 되는 통찰을 더 심화할 수 있는 많은 방법을 깨닫게 된다.

영적인 삶을 살아가고자 노력할 때, 일상에서 우리 행동은 하느님 의지에 따르게 된다. 이 사실은 매우 중요하다. 왜냐하면 인간의 의지와 하느님의 의지가 만나 하나가 될 때, 진정한 나 자신이 되기 때문이다. 우리는 자유롭기에 세상의 가치관과 두려움에 사로잡히지 않게 된다. 그러므로 건전하고 강력한 영적 태도와 진실을 꿰뚫어 보는 능력을 키우기 위해 노력하는 것이 무엇보다 중요하다.

건전한 인생관을 설계함으로써 영혼을 부드럽게 하고, 일상생활에서 단순한 방식으로 하느님의 선물을 체험하고 나눌 수 있게 된다. 이런 삶을 누리기 위해서는 아래의 영적 주제들을 성찰해 볼 필요가 있다.

- 믿음
- 마음 열기
- 단순함
- 감사
- 회상
- 자기 존중
- 현재를 살아가기

성찰하면서 앞서 제시한 질문을 되새겨 보자.

'사람들은 나와 함께 있을 때 어떻게 느끼는 것 같은가?', '나는 진정으로 깨어 있는가? 내 삶에 현존하시는 하느님 앞에 깨어 있는가?', '일상에서 하는 행동이 나를 잘 드러내고 있는가?'

이 질문에 관한 대답이 나의 영적 태도를 잘 알 수 있게 해 준다. 또한 성찰에 필요한 중요한 재료가 되기도 한다. 이러한 건전한 영적 태도는 비옥한 땅이 되어, 단순하고 강력한 기도 생활과 자비로움을 키워 낸다. 그러면 매일 기쁨에 넘치는 삶을 살아가게 된다.

믿음, 새로운 지혜의 빛

피정 지도를 위해 인도를 방문했을 때였다. 어느 날, 큰 시련을 겪은 어떤 이에 관한 신문 기사를 읽게 되었다. 기사에는 그가 겪은 시련에 관해 자세히 실려 있었지만, 좀 더 많은 것을 알고 싶었다. 그래서 이 일에 관해 아주 잘 알고 있는 친구에게 도움을 청했다. 친구는 내게 진정한 믿음에 관한 두 가지의 놀라운 이야기를 들려주었다.

기사에 실린 그 사람은 사립 고등학교에서 근무하는 선생님으로, 학생들을 엄격히 대했다. 그는 몇몇 남학생이 교실에서 몇 시간 동안 마약을 한 사실을 알고 퇴학시켰다. 퇴학당한 학생들은 앙갚음을 할 목적으로 한 학생을 협박했다. 그리고 선생님이 그에게 부적절한 행동을 했다고 주장하도록 시켰다. 협박을 받은 학생은 조사를 받을 때마다 다른 이야기를 꾸며 냈고, 이에 많은 이들이 동요되었다.

사건은 절정에 달했다. 사람들이 그 선생님의 집 앞에 횃불을 들고 모였다. 그리고 군중은 그를 강제로 끌어내어, 집에서 12킬로미터 가량 떨어진 곳에 있는 마을의 감옥까지 걷게 하였다. 제대로 재판도 거치지 않은 상태였다. 군중은 사건의 진상도 모른 채 광란에 빠져 그의 머리를 깎아 버리고, 발가벗겨 모욕을 주었다. 심지어 나뭇가지로 때리기까지 했다.

그러나 어둠은 끝내 승리하지 못했다. 바로 믿음 때문이었다. 그리고 빛이 등장했다. 먼저 수녀님들이 감옥에 갇혀 있는 그에게 매일 음식을 가져다주었다. 수녀님들은 자신들이 아무런 행동을 하지 않으면 그가 독살될지도 모른다는 두려움에 사로잡혔다. 두 번째로 그를 방문한 이들은 그와 같은 마을에 사는 가난한 농부들이었다. 그들은 그가 석방되기 전까지 시위를 계속하였다. 한 기자가 농부들에게 추수를 해야 하는 시기인데도 어떻게 계속 시위를 할 수 있느냐고 물었다. 그러자 한 농부가 대답하였다. "밭에서 일을 할 수도 없고, 또 식탁에 편히 앉아 식사를 할 수도 없어요. 그렇게도 자비로웠던 분이 부당하게 갇혀 있는 한, 마음 편히 지낼 수가 없었습니다." 그들은 믿음으로서 참된 공동체의 모습을 보여 주었다. 어둠이 지배했던 그 시간 동안 이전에는 몰랐던 영적인 용기를 발견하게 된 것이다.

그러나 믿음이 무엇인지를 보여 준 것은 바로 그 선생님이었다. 마침내 석방이 된 후, 그는 자신을 믿어 준 이들을 만났다. 그가 앞에 나서자 사방은 쥐 죽은 듯 조용해졌다. 부드럽지만 확신에 찬 어조로 말하였기에, 맨 뒤에 있는 사람들에게까지도 그 힘이 전달되었다. 그리고 이미 언론에서 자신이 겪은 사건에 대해 다 보도했으므로 더는 설명하지 않겠다고 말했다. 다만 자신이 이 사건을 겪는 동안 마음에서 일어난 변화에 대해 말하였다.

"이 사건으로 제가 잃어버린 것은 하나도 없습니다. 그들은 제게서 아무것도 **빼앗아** 가지 못했습니다. 오히려 하느님과 더욱 가까워졌습니다. 그동안 몰랐던 새로운 방식으로 그분을 알게 됐지요. 저는 분명 살아 계신 하느님을 만났기에 정말 기쁩니다."

믿음은 영적인 통찰에 이르는 문이다. 영적인 통찰은 내 안에 내재해 있는 어둠이 어느 정도인지 아는 것보다, 어둠 속에서 어떻게 굳건히 서 있는지 아는 게 더 중요하다. 역설적인 이야기지만 어둠 속에서 믿음에 의지할 때, 진실이 무엇이고 소중한 것이 무엇인지 잘 알 수 있게 된다. 바로 그때에 영적 태도는 성장과 퇴보의 기로에 서게 된다.

하느님을 향한 믿음이 있다 해도 불안, 슬픔, 의심이 있는 한 우리 안의 어둠을 당장 없애 주지는 않으실 것이다. 그렇지만 믿음이 있다면 어둠도 결국 물러가고, 삶은 새로운 지혜의 빛으로 채워진다. 절망 속에서 기도하며 울부짖을 때, 목을 죄어 오던 바로 그 상황이 새로운 무언가를 만들어 내기 시작한다. 그로써 우리 영혼은 온화해지며, 예전에는 알지 못한 방식으로 하느님의 미묘한 움직임을 느끼게 된다.

하느님께서 우리를 꼭 어둠 속에 빠지게 하시는 것은 아니다. 모든 불행과 상처에는 특별한 기쁨이 감춰져 있다. 이는 믿음 안에서 힘을 갖게 하는 새로운 비전과, 이제껏 듣지도 보지도 못했던 새로운 축복을 가져다준다. 우리가 앞에서 만났던 그 교사가 깨달은 것처럼 믿음은 영적 생활의 공덕이다. 그리고 기도와 인내를 통해서 하느님과 더 깊은 관계 속으로 들어가는 문이기도 하다. 하느님께서는 우리가 인생의 다음 국면을 좀 더 부드럽게 헤쳐 나가길 원하신다.

성찰하기

용기는 나타났다가 쉽게 사라진다. 다음에 오면 꼭 잡아 두라.

— 토마스 머튼

최근에 힘들었던 때가 언제였는지 생각해 보라. 내가 용기를 잃지 않도록 도와주는 것은 무엇인가? 힘들고 어려울 때 하느님을 어디에서 만나게 되는가? "낙심하지 말고 끊임없이 기도해야 한다."(루카 18,1)는 예수님의 가르침을 따르도록 하는 원동력은 무엇인가? 토마스 머튼의 조언으로 생각해 볼 때 기도는 어떤 도움을 주는가?

첫 번째 영적 가르침

우리는 항상 은총 속에 있다.

우리가 기도 안에서 하느님을 찾을 때 저지르기 쉬운 잘못은 기도를 너무 쉽게 그만두는 것이다. 또한 기도의 응답이 내가 원하는 대로 이루어졌을 때만 하느님의 현존을 느낀다. 그러므로 인내심을 가지고 포기하지 말아야 한다. 바라는 대로 되게 해 달라는 기대도 버리고 희망을 갖고 솔직하게 하느님께 간청하라.

그리고 어떤 방식이든 어떤 형태든, 새로운 영적 지혜가 나타나면 마음을 열고 잘 받아들여라. 하느님께서는 기도를 통해서 바라는 것을 꼭 주시지는 않아도, 항상 멋진 것을 주신다. 그분이 절실히 필요한 순간에 고집을 부려서, 하느님의 선물을 기쁘게 받아들이지 않거나 거부하는 행동은 오히려 부끄러운 일이다.

외로움 너머에 존재하는 희망

　외로움과 소외감은 인생이 덧없지만 얼마나 고귀한지 깨닫게 해 준다. 외로움과 소외감을 느낄 때, 나 자신을 닫아 버리는 행동은 자연스런 반응이다. 하지만 마음을 열 수 있는 방법도 있다. 겸손하게 하느님을 인정하고 받아들이기 시작하는 것이다. 이렇게 한다면 위기를 맞았을 때 삶의 소중함을 깨닫게 되고, 또 인생이 계획대로만 가지 않는다는 사실을 알게 된다.

　인생의 중요한 시점에서 외로움과 소외감을 깊이 맛보는 경우가 종종 있다. 마음의 상처, 상실, 친구와의 결별, 이직, 갱년기 장애, 질병, 부모의 죽음, 자식의 결혼,

배우자와의 별거, 이사 등은 공허함을 불러 일으킬 수 있다. 이때는 사랑하는 가족이나 친구, 보람 있는 직업이나 좋은 취미도 도움이 되지 않는다. 그저 외롭고 너무 쉽게 상처받는다는 것을 절실히 깨닫게 된다. 인간의 인식은 친구에게서 거절당하거나, 일시적인 실패와 같은 사소한 일에도 변화를 일으킬 수 있다.

외로워지면 누구나 방어적인 태도를 취하게 된다. 심하게 난폭해지거나, 정신없이 술을 마시거나, 뭔가 새로운 일을 찾아다니기도 하고, 새로운 친구를 사귀기도 한다. 아니면 집 안에 틀어박혀 있거나 불안과 우울증에 빠지거나 분노에 차서 이렇게 되묻기도 한다. "사람들은 왜 나를 실망시키는 걸까? 왜 나는 그들에게 더 이상 중요한 사람이 아닐까? 사는 게 재미도 없고 의미도 없어."

바로 이런 때 밑도 끝도 없는 질문을 던지며 방향을 잃고 떠돌게 된다. 우리가 바라는 것에 대한 응답은 즉각적으로 오지 않는다. 나를 거절하고 떠난 사람들은 자신이 잘못했다고 생각하지 않기에 사과도 하지 않을 뿐더러 되돌아오지도 않는다. 나 자신이나 인간관계, 일에 대한 모든 의구심을 완벽히 잠재울 만한 일이 일어나지도 않는다. 이때는 마치 바다 한가운데서 조난당한 느낌을 받는다. 그리고 그 무엇도 내부 깊은 곳에서 우러나는 공허함과 비통함을 덜어 주거나 채워 주지 않는다.

이런 중요한 변화의 시기에 일어나는 외로움은 과연 어떻게 영혼을 부드럽게 해 줄까? 청소년기, 청년기, 장년기, 5, 60대에는 어떤 일이 생길 것이며, 그 변화의 시기를 뛰어넘으면 과연 새로운 통찰력이 생기거나 위로를 얻을 수 있을까? 다시 한번 말하지만 분명하고 확실한 길은 없다. 마치 불빛도 없는 어두운 숲 속에서 길을 잃은 것과 같다. 그러나 절망에 빠지더라도 희망을 버리지 않는다면 뭔가 놀랄 만한 일이 벌어진다.

살고 싶은 의욕이 없거나 가슴이 무너질 때, 이런 상실감이나 소외감을 넘어 그 무언가를 바라보거나 희망을 가져야 한다. 그럴 때 영혼은 부드러워지고 삶도 바뀐다. 바로 그 순간 하느님을 체험하게 되며, 삶이 더욱 새로워지며 심오해진다. 그리고 하루하루를 당연히 주어지는 것으로 느끼기보다는 좀 더 겸손하게 받아들이게 될 것이다. 이러한 태도는 외로움과 소외감 속에서도 내게 손을 내밀고 계시는 하느님의 몸짓을 알아차리게 한다. 하지만 상실이나 변화로 겪고 있는 아픔이 줄어들지는 않는다. 이런 기대는 환상이며 피상적인 신앙이다. 그렇지만 고통이 더 이상 의미 없는 것은 아니다.

여기서 말하고 있는 미지의 것으로 뛰어듦은 영적인 태도를 키우는 한 방편이다. 또한 우리 안의 위로나 즐거움, 이해가 한계에 다다르면 내적 소외의 틈이 생기게 된다. 앞에서 말한 '미지의 것으로 뛰어듦'은 희망으로 뛰어든다는 의미이기도 하다. 희망은 위안 너머에 평화가, 즐거움 너머에 기쁨이, 이해를 넘어서는 지혜가 있음을 이해한다. 이러한 선물은 갑자기 찾아올 수도 있지만 대부분은 매일매일 훈련을 필요로 한다. 이런 훈련이나 다음 장에서 다루게 될 '작은 습관'을 따르지 않는다면, 소리 없는 고통 속에서 그런 선물을 놓쳐 버릴 수도 있다. 살아 계신 하느님께 약속을 하고, 하느님 앞에 늘 깨어 있다면 희망이 살아 움직이는 것을 체험하게 될 것이다.

우리는 살아가면서 너무 쉽게 잠에 빠진다. 예를 들어

상실감에 빠지거나 삶의 무상함에 몸서리칠 때 자기만족에 빠져 회피해 버린다면, 영적인 삶에 관해 아무리 말해도 단지 동경이나 마법에 불과하다. 그러나 깨어 있다면 하느님의 몸짓을 느낄 수 있다. 우리는 가끔 예수님의 제자들이 그랬던 것처럼 경외심에 몸을 떨지도 모른다.

"이 말씀을 하시고 여드레쯤 되었을 때, 예수님께서 베드로와 요한과 야고보를 데리고 기도하시러 산에 오르셨다. 예수님께서 기도하시는데 그 얼굴 모습이 달라지고 의복은 하얗게 번쩍였다. 그리고 두 사람이 예수님과 이야기를 나누고 있었다. 그들은 모세와 엘리야였다. 영광에 싸여 나타난 그들은 예수님께서 예루살렘에서 이루실 일, 곧 세상을 떠나실 일을 말하고 있었다. 베드로와 그 동료들은 잠에 빠졌다가 깨어나 예수님의 영광을 보고, 그분과 함께 서 있는 두 사람도 보았다."(루카 9,28-32)

이러한 경외심은 주의 깊고 마음이 열려 있으며, 온순하고 겸손하게 깨어 있을 때 나타난다. 바로 이런 상태에서 비로소 초연할 수 있다. 그리고 인생이 반드시 행복해야 한다는 생각이 사라지고, 이미 잃어버린 것은 포기한다. 아무리 외로워도 새로운 선물과 가능성을 받아들일 수 있게 된다. 이렇게 하는 것이 고통을 전부 없애 주거나 외로움이나 상실감을 줄여 주지는 못한다. 물론 우리가 잃어버린 것이나 추억을 소중히 여기는 마음이 사라지는 건 아니다. 그러나 그렇게 함으로써 우리에게 남은 짧은 시간을 위하여 다른 방식으로 삶을 살고, '영적인 삶'이라고 부르는 것을 잘 받아들일 수 있게 된다.

은총을 받게 되면 이전과는 전혀 다르게 살게 된다. 인생이 마치 기도에 따라 결정되기라도 하듯 기도를 바친다. 왜냐하면 외로움과 소외감 속에 있을 때 실제로 그러하다는 것을 깨닫기 때문이다.

성찰하기

우리가 당연하다고 여기지 않는 바로 그 순간, 예측 가능했던 것들이 경이로움으로 바뀐다.

― 다비드 슈타인들라스트

다비드 슈타인들라스트는 《감사*Gratefulness*》에서, 매일 집을 나설 때마다 다가온 그날 동안 감사해야 할 목록을 만든다고 한다. 그러나 그는 그 목록은 던져 버리고, 살아오는 동안 놓쳐 버린 많은 선물들에 대해 감사하라고 제안한다. 살아가면서 하느님 현존에 대해 더 깨어 있고, 매일 주어진 선물에 마음을 열려면 어떻게 해야 할까? 비록 당신이 외로운 상황에 놓여 있을지라도 말이다.

두 번째 영적 가르침

영적으로 깨어 있기

이는 삶에서 어떤 일이 꼭 일어날 거라고 기대하지 않는 것을 말한다. 대신 눈을 크게 뜨고 내게 일어나는 모든 일들을 경이롭게 바라볼 수 있어야 한다. 그러려면 연습이 필요하다. 매일 아침, 늘 깨어 있자고 하루 종일 몇 번이고 자신에게 다짐하자. '지금 이 순간'에 집중하라.

단순함이 선사하는 은총

현대 서구 사회에서는 안전과 부, 심리적·영적 자산을 중요하게 여긴다. 그러나 불교의 선禪은 안전을 보장하는 어떤 것도 얻지 않음을 더 중요시한다. 이는 오히려 버리는 것이다. 버림으로써 내적인 '공간'을 갖게 되며, 그곳에는 이기주의와 탐욕이 없다. 또한 어떤 선입관도 인생에 대한 통찰력을 막지 않는다. 욕구를 지닌 자아에 따르지 않으면서 내적인 공간을 만들어 낸다는 것이 비현실적으로 보일 수도 있다. 우리에게는 내적 단순함이 필요하고, 내적인 성스러운 장소가 필요하다. 바로 그곳에서 날뛰는 욕망이 잠잠해지고, 그저 있는 그대로 존재할 수 있게 된다. 그러한 공간이 없다면 너무 산만해지고, 현실적으로 중요한 무언가에만 마음을 빼앗기게 될 것이다. 단순함이란 사막의 수도승인 아마스 아빠스가 말한 대로 '마음의 정화'를 의미한다.

단순함으로 가는 첫 단계는 자신의 우상을 명확히 볼 수 있는 정직함이다. 우상은 하느님을 대신하는 것을 말한다. 어떤 사물이나 사람을 잃게 되면 부적절하고 극적인 반응으로 우상을 만들어 낸다. 우상에 관한 진실을 알아낼 수 있는 가장 쉬운 방법은 내 감정을 살펴보는 것이다. 나를 화나게 만드는 것은 과연 무엇인가? 기운 나게 하는 것은 무엇인가? 분노와 실망을 일으키는 것은 무엇인가? 스트레스를 일으키는 것은 무엇인가? 불안하게 만드는 것은 무엇인가? 내가 평화롭거나 기쁠 수 없게 만드는 일은 무엇이며, 사람은 누구인가?

이때 우상에게 하나씩 이름을 붙이는 것이 중요하다. 왜냐하면 우상에 사로잡혀 있는 한, 결코 자유로울 수 없기 때문이다. 하느님만이 우리에게 자유를 주시고, 그 자유가 평화와 기쁨을 준다. 그리고 그 자유는 삶의 좋은 것들(가족, 친구, 일, 성취, 삶 자체)을 즐길 때 선물로 주어진다.

'단순함'은 삶의 모든 것을 즐기면서 앞으로 나아갈 수 있는 자유를 준다. 왜냐하면 하느님께서는 인생의 매 단계마다, 심지어는 죽은 후에도 필요한 것을 주시고 또 주실 것이기 때문이다. 이러한 태도는 가족과 친구들에게 관심을 기울일 수 있도록 한다. 단순함은 우리가 가진 모든 것을 즐길 수 있도록 하고, 우리가 좋아하는 어떤 사람이나 사물에 집착하지 않도록 해 준다. 내가 지금 가진 것과, 예전에 가졌던 것에 대해 감사해하기 때문이다. 그리고 내가 지닌 모든 보물은 하느님께 나온다고 믿게 된다. 무언가를 잃어버렸을 때 슬퍼하는 것은 당연히다. 영원히 가지고 싶은 것이 있을지라도, 없어질 것들은 없어지도록 놓아두도록 하자. 그래야 새로운 가능성을 얻게 된다.

우리의 의지와 하느님의 의지가 하나가 될 때 진정한 자유를 얻을 수 있다. 이 자유를 얻음으로써 내 앞에 놓인 모든 것을 즐길 수 있게 된다. 하지만 이렇게 되지 않을 때 사물이나 사람에게 집착하게 된다. 집착과 두려움

속에서는 기분이 좋았다가 나빠지기도 하며, 일시적으로 이성을 잃게 되기도 한다. 영적인 삶에서 이러한 기본적인 위험을 알려면 명상과 성찰의 시간을 갖는 게 중요하다. 나를 사로잡고 있는 것이 무엇인지 깨달았을 때, 이런 것이 얼마나 크고 불필요한 것들인지도 깨닫게 된다. 역설적이게도 단순함은 내 몫을 챙기려 하지 않을 때 삶 자체를 더 받아들이고 즐길 수 있도록 한다. 또한 걱정하며 집착하고 요구하는 사람에서, 감사하며 받아들이는 사람으로 변화시킨다. 그러기에 놓쳐서는 안 되는 정말 놀라운 은총이다.

성찰하기

　보물을 땅에 쌓아 두지 마라. 땅에서는 좀과 녹이 망가뜨리고 도둑들이 뚫고 들어와 훔쳐 간다. 그러므로 하늘에 보물을 쌓아라. 거기에서는 좀도 녹도 망가뜨리지 못하고, 도둑들이 뚫고 들어오지도 못하며 훔쳐 가지도 못한다. 사실 너의 보물이 있는 곳에 너의 마음도 있다. ……

　아무도 두 주인을 섬길 수 없다. 한쪽은 미워하고 다른 쪽은 사랑하며, 한쪽은 떠받들고 다른 쪽은 업신여기게 된다. 너희는 하느님과 재물을 함께 섬길 수 없다.

　그러므로 내가 너희에게 말한다. 목숨을 부지하려고 무엇을 먹을까, 무엇을 마실까, 또 몸을 보호하려고 무엇을 입을까 걱정하지 마라. 목숨이 음식보다 소중하고 몸이 옷보다 소중하지 않으냐?

　하늘의 새들을 눈여겨보아라. 그것들은 씨를 뿌리지도 않고 거두지도 않을 뿐만 아니라 곳간에 모아들이지도 않는다. 그러나 하늘의 너희 아버지께서는 그것들을 먹여 주신다. 너희는 그것들보다 더 귀하지 않으냐? 너희 가운데 누가 걱정한다고 해서 자기 수명을 조금이라도 늘릴 수 있느냐?

그리고 너희는 왜 옷 걱정을 하느냐? 들에 핀 나리꽃들이 어떻게 자라는지 지켜보아라. 그것들은 애쓰지도 않고 길쌈도 하지 않는다. 그러나 내가 너희에게 말한다. 솔로몬도 그 온갖 영화 속에서 이 꽃 하나만큼 차려입지 못하였다. 오늘 서 있다가도 내일이면 아궁이에 던져질 들풀까지 하느님께서 이처럼 입히시거든, 너희야 훨씬 더 잘 입히시지 않겠느냐? 이 믿음이 약한 자들아! ……

너희는 먼저 하느님의 나라와 그분의 의로움을 찾아라. 그러면 이 모든 것도 곁들여 받게 될 것이다.

— 마태 6,19-21.24-30.33

내 마음은 무엇으로 채워져 있으며, 나의 걱정은 무엇인가? 걱정, 우상, 내 힘으로는 어쩔 수 없어 보이는 욕망이 삶과 어떤 연관이 있는지 잘 살펴볼 수 있는가? 걱정과 통제할 수 없는 헛수고와의 차이를 잘 인식할 수 있는가?

세 번째 영적 가르침

삶에 여유를 만들어라.

걱정하거나 불평하는 자신의 모습을 깨닫고, 삶을 채우고 있는 쓸데없는 집착이나 일들을 내버려 두어라. 지금 삶에서 일어나는 모든 것에 감사해라. 또 어떤 방식으로든지 선물을 받으리라는 확신을 갖고, 하느님께서 주시는 새로운 선물을 받아들여라. 늘 명심해야 할 것은 내가 하느님의 사랑을 받는 존재라는 사실이다. 사람에게 물건에 집착하면 인생을 즐길 수 없다.

감사에서 찾는 더 큰 기쁨

나는 플로리다 남부 지방으로 여행을 떠나는 걸 좋아한다. 이곳을 좋아하는 또 다른 이유는 내 딸 미셸이 살고 있기 때문이다. 미셸과 함께 저녁노을이 저무는 모습을 보고 있을 때였다. 너무도 아름다워서, 이 광경을 자주 보는 이곳 사람들도 감탄할 것 같다고 말했다. 미셸도 웃으며 고개를 끄덕였다. 잠시 후에 딸아이는 속삭이듯 말했다. "플로리다 하늘을 올려다볼 때마다 하느님과 휴가를 온 것 같아요."

얼마 지나서야 이렇게 즉흥적으로 정확히 표현한다는 게 결코 쉽지 않음을 깨달았다. 이는 끊임없이 감사하는 습관을 지녀야만 가능하다. 미셸은 삶에서 여러 번 좌절했고, 하느님께 버림받았다는 생각을 했다고 털어놓았다. 그러나 되돌아보니 하느님께서는 자신에게 계속 무언가를 말씀하시고 계셨으나 이를 듣지 않았다고 했다. 또한 자신에게 무언가를 계속 주셨지만 받지 않았음을 깨달았다.

나중에 플로리다의 아름다운 저녁노을에 대해 다시 얘기하게 됐을 때, 미셸은 내게 감사의 영성을 불어넣었다. "일몰의 아름다움은 누구나 즐길 수 있어요. 하지만 예술 작품을 감상할 때처럼 이를 받아들이는 것은 개인적이고 독특한 하느님의 선물이에요."

감사에 눈을 뜨게 되면 하느님께 더 많은 걸 받게 된다. 그렇지 않으면 평화롭고 즐겁게 삶을 영위하려고 요구나 기대, 습관 등을 만들어 삶에 특정한 이름을 붙인다. 이렇게 삶에 이름을 붙이는 것은 영적인 태도의 큰 적이다. 그래서 영혼이 무감각해져서 주어지는 선물들을 알아보지 못하게 되고 만다. 또한 무언가를 끊임없이 요구하면서 내게 선물을 주는 이들의 마음을 다치게 한다.

이러한 위험에 어떻게 맞설 수 있을까? 답은 간단하다. 가지려고 하지 말고 그저 받아들여라. 하느님의 선물과 그분의 현존을 알아볼 수 있는 눈과 귀와 가슴이 있다면, 내 마음속과 나를 둘러싼 주변에 그 모든 게 넘치도록 있음을 알 수 있다.

미국의 한 부유한 교회의 지도자가 자매결연을 맺은 아이티 교회를 방문하고 돌아왔다. 누군가 그에게 아이티에서 가장 인상 깊었던 일이 무엇이었냐고 물었다.

"특히 한 여학생의 질문이 인상 깊었습니다. 우리 측과 후원하는 아이티 교회 사람들 간에 서로 질의응답 시간을 가졌는데, 한 아이가 이렇게 묻더군요. '선생님네 교회에도 배고픈 채 잠자리에 드는 아이가 있나요?'"

그때 나는 이 이야기를 그냥 흘려들었다. 정신이 번쩍 들게 하는 말이었는데도 이를 깨닫지 못했다. 부끄럽지만 죄책감도 느끼지 못했다. 하지만 그 아이의 말이 떠올라 가슴에 새겨지게 되었다. 그러면서 나의 삶에 이름 붙이는 습성을 조금은 몰아낼 수 있었다. 또한 삶을 좀 더 주의 깊게 볼 수 있게 되었으며, 다른 사람들과 나눌 수 있는 것들을 발견하게 되었다. 감사하기, 즉 하느님의 모습을 여러 새로운 방식으로 보는 것은 영적 태도에서 가장 중요하다. 이것을 기억한다면 삶은 바뀌기 시작한다. 그리고 비록 가난하다 할지라도 더 많은 걸 갖게 된다.

성찰하기

행복은 아무런 조건을 내세우지 않을 때에만 느낄 수 있다.

— 아르투르 루빈스타인

우리는 타인과 사회, 하느님께 뭔가를 요구한다. 그러기 때문에 감사하는 마음과 그분을 향한 감성은 자주 가로막힌다. 진정한 인식이라는 이름표를 붙인 영성에 대치할 방법이 있는가?

> 네 번째 영적 가르침

가지려 하지 말고 받아들여라.

'이름 붙이기'는 영적 생활의 최대 적임을 깨닫자. 요구가 많아지게 되면 내게 이미 주어진 것들을 잃어버리게 될 뿐 아니라, 요구를 충족시키기 위해 삶을 낭비하게 된다. 이는 우리가 영적, 심리적, 경제적으로 부족하다고 느꼈을 때 이를 더 이상 찾을 수 없다는 말이 아니다. 가지고 있음에도 인식하지 못하는 이유가 무엇인지 납득시켜야 한다.

영적 회상 안에서 하느님 떠올리기

어렴풋한 향수와 영적 회상은 다르다. 향수에는 달콤함이 있지만, 과거로 끌어당기는 화려한 장식을 한 왕관에 지나지 않기에, 현재를 살아가게 하지는 않는다. 반면 영적 회상은 하느님께서 자리하셨던 과거의 순간을 감사하는 마음으로 돌이켜보게 하거나, 극적인 깨우침을 준다. 이를 통해 하느님과 그분의 의지를 계속 구할 수 있는 용기를 얻게 된다. 우리가 하느님의 따뜻함을 기억해 낼 때 떠오르는 그 당시의 장소, 사람, 시간은 바로 영적 회상의 활동이다. 영적 회상은 마음을 열고 영적 여정을 계속할 수 있도록 부추긴다.

나는 종종 하느님께 마음이 빼앗겼던 사춘기 시절과 20대 초반을 떠올린다. 특히 하느님으로부터 멀어져 냉담을 하게 되었을 때, 이 시절이 더욱 소중하게 느껴졌다. 그때를 돌이켜보면 마치 죽어가는 불씨를 살리려 애썼던 게 아닐까 싶다.

나는 리투아니아에서 자랐다. 그 시절, 교회에서는 저녁 기도 시간마다 향을 피웠다. 그리고 부활절 아침에는 화려한 볼거리를 제공했다. 이런 것은 경외심을 한층 더 느끼게 해 주었다. 요즘도 성당에 들어갈 때마다 살포시 흩날리는 향냄새를 맡으면 마음이 따뜻해진다. 어린 시절 나를 지켜 준 신앙 공동체가 늘 함께하기 때문이다. 그리고 그런 보호를 받을 수 있었음에 다시 한번 감사를 드린다.

나는 많은 시간, 여러 장소에서 따스함과 명쾌함, 평화를 맛보았던 순간들을 분명히 기억한다. 예를 들자면 이런 것이다. 어느 가을 아침에 뉴욕의 한적한 길을 걸었을 때, 또는 뉴욕 이스트사이드에 위치한 어느 레스토랑에서 멋진 저녁을 먹기 위해 해질 무렵 즈음의 차가운 공기를 헤치며 달려갔을 때, 고등학교 때 수업을 마치고 사촌과 배꼽이 빠지도록 웃었을 때, 인도에 위치한 조용하고 은은한 불빛이 새어 나오는 방에서 새롭게 시작되는 날을 맞으며 새벽 4시 무렵에 성경을 읽었을 때…….

하느님께서는 과거와 현재에도 매 순간 함께하신다. 그리고 당신과의 관계가 결코 끊어질 수 없는 아주 자연스러운 것임을 알려 주신다. 바로 그럴 때 따뜻함과 명쾌함, 현존을 아주 가깝게 느낀다. 또한 예수님께서 "너희는 나의 친구가 된다."(요한 15,14)고 하신 말씀을 잘 이해할 수 있게 된다.

나는 이 성경 구절을 매일 되새기면서 더 깊이 깨닫고, 하느님과의 관계를 잘 인식하게 된다. 영적인 만남을 위해서 이런 구절들을 이용한다면 믿음은 성숙해 갈 것이다. 살아오면서 하느님과 맺은 관계를 떠올려 보면 그분께서 계시지 않다고 느끼는 때가 많았다. 하지만 삶의 희망을 잃고 절망적이었을 때조차 언제나 나와 함께하고 계심을 알았다. 그렇기에 더 이상 하느님과의 우정이 거저 생겨난 게 아니라는 걸 깨달았다.

성찰하기

하느님께서는 언제나 침묵하고 계시지 않으며, 인간은 언제나 장님이 아니다. 모든 사람은 각자의 삶에서 인식의 지평선 위로 베일을 벗겨 내어 영원을 볼 수 있는 눈을 지니게 된다. 우리는 전 생애를 통틀어 최소한 한 번은 하느님의 실체를 경험한다. 하느님께 헌신하는 사람들의 영혼을 통하여 아름다움과 평화와 힘을 볼 수 있다. 그러나 그러한 경험은 흔치 않다. 어떤 사람에게는 그 경험이 유성과도 같아서 스쳐 지나가고 기억할 수 없게 된다. 그러나 또 어떤 사람에게는 그 경험으로 불이 지펴져 결코 꺼지지 않게 된다. 그 경험을 기억하고 자신의 응답에 충실하다면 믿음을 지속시키는 힘이 될 것이다. 그런 의미에서 신앙은 헌신적인 삶을 살아가고, 삶에서 겪는 여러 가지 사건과 응답을 충실히 지켜 나가는 것이다.

— 아브라함 조슈아 헤셀

히브리서에서는 하느님께서 이스라엘 백성과 맺은 계약을 볼 수 있다. 우리는 예수님을 통해 하느님의 사랑을 경험한다. 성령은 오늘날에도 같은 방식으로 존재하신다. 그러므로 나와 함께하시는 하느님의 현존을 느끼며, 어떤 어둠과 혼란이 닥쳐도 믿음을 갖고 꿋꿋하게 살아갈 수 있다. 과거에 하느님께서 내 삶에 어떻게 개입하셨는지 기억해 낼 수 있는 가장 바람직한 방법은 무엇인가? 그 기억은 지금 이 순간 어떻게 힘이 되고 있는가?

다섯 번째 영적 가르침

**하느님과의 계약을 잘 지키면서 살아간다는 것은,
우리가 하느님께 충실해야 함을 의미한다.**

하느님과 만났던 순간들이 단지 추억으로만 남지 않게끔 하자. 이를 잊지 않는 것이 중요하다. 이런 순간은 하느님의 사랑을 기억하는 데 큰 도움을 주며, 항상 같은 방식으로 그분께 응답하도록 한다.

하느님의 모상인 우리

'거룩함의 회상'에서 참된 계약으로 얻는 것은 건전하고 영적인 자긍심이다. 우리는 모두 자신을 특별한 방식으로 이미지화하거나 묘사하고, 어떤 이름(수식)을 붙인다. 그런데 이것이 정확하지 않으면 스스로가 붙인 자신의 이미지가 평생 혼란을 가져올 수 있다. 슬프게도 대부분의 사람들은 나 자신에게 어떻게 해서 그런 이름을 붙였는지 혹은 붙인 이름이 올바른지 생각조차 하지 않는다. 설령 제대로 나 자신을 표현했다고 하더라도 수시로 재점검해 볼 필요가 있다. 그렇지 않다면 위험에 빠지게 된다. 나 자신을 제대로 보지 못한다면 인생을 충분히, 제대로 살지 못하게 된다. 나 자신을 정확히 바라볼 때 비로소 본래 모습을 자연스럽게 발전시키고, 다른 사람과 나누면서 살아가게 된다.

나를 예술 작품과 비교하는 것은 자신의 이미지나 이름을 바라보는 과정에서 좋은 출발이 될 수 있다. 그럼으로써 자기 자신을 소중히 여기게 되기 때문이다. 나 스스로를 선善이 자유롭게 흐르며 우아하면서도 정의하기 어려운 추상화로 보고 있는가? 아니면 화가의 재능이 그림 전체에 드러나는 플랑드르 회화 풍의 그림으로 보고 있는가?

이는 하느님께서 나를 통해 세상에 주고자 하는 선물이 손상될 수 있는지, 아니면 더 나아질 수 있는지 알 수 있게끔 한다. 만일 우리가 조직적인 사람들이라면 하느님께서 주신 선물 안에서 기뻐할 것이다. 그리고 여유가 없을 때도 나 스스로를 잘 조정해 나갈 것이다. 예민한 사람이라면 우선 이 선물을 인식해 보자. 그리고 다른 이가 내게 던진 진심 어린 충고를 비판적으로 받아들여 이성을 잃는 경우는 없는지 살펴보아야 한다.

이렇게 하면서 점차 다른 이의 시선에 영향을 덜 받게 된다. 이는 내가 다른 이의 반응을 어떻게 받아들이고 성장할 수 있는지 분별할 수 있게 될 때 도움이 된다.

우리가 하느님을 닮은 모습으로 창조되었음을 제대로 인식하면 다른 이들에게 요구하는 것이 줄어든다. 그래서 그들을 조종하려 하지 않고, 오히려 치유하고자 하는 마음으로 함께 살아가게 된다. 그러므로 하느님께서 우리와 세상에 특별히 주신 선물인 인생을 제대로 살아가야 한다. 이런 의미에서 매일매일은 새로운 날이며 진정한 모험이다. 단순히 습관적으로 반복되는 '어제의 다음 날'이 아니다.

성찰하기

마치 예술 작품을 완성하듯 당신의 인생을 완성해 가라.

— 아브라함 조슈아 헤셸

'내가 태어났을 때 하느님께서 지어 준 이름은 무엇이었을까?'라는 질문을 받는다면 어떻게 대답할 수 있을까? 그 이름은 내가 받은 특별한 선물을 가장 잘 설명해 준다. 지금 나는 그 선물을 부수고 있는가? 아니면 잘 키우고 있는가?

여섯 번째 영적 가르침

우리는 하느님의 예술 작품이다.

자기 인식은 하느님의 창조를 알게 되는 길이다.

자비로움은 하느님의 선물을 다른 이와 나누는 행위다.

지금 현재를 살아가기

　우리는 영성적인 삶을 살고 싶어 하지만, 실제로는 그렇지 못하다. 그래서 과거에 경험한 놀라운 일을 돌이켜 보거나, 다른 사람의 성험남을 읽거나, 더 깊이 기도하는 것을 꿈꾼다. 바로 그런 때에 하느님을 체험하여 다른 사람과 이를 나눌 수 있을 거라고 생각한다. 하지만 그런 일이 일어나지 않는 이유는 '그런 때'라는 것은 없기 때문이다. 오직 지금만이 존재할 뿐이다.

　삶의 모든 순간을 영적으로 바라보면 단순하면서도 영적인 삶을 살아가게 된다. 먹거나 자거나 일하거나 걷거나 전화할 때도, 그 순간과 사건 안에 존재해야 한다.

하느님과 함께하며 황홀해할 때나 지루해할 때도, 부엌에 있을 때나 회의실에 있을 때도, 하느님을 만나려면 그분에 대한 개념을 확대해야 한다. 그렇게 되려면 하느님께서 어깨너머로 우리를 바라보시며 죄의식에 스며들게 만든다는 '초자아와 같은 하느님'에 대한 의식을 없애야 한다(프로이트의 이론을 이용하여 하느님께서는 우리의 행동에 대해 선악을 판단하시는 존재라는 의미. — 역자 주). 오히려 하느님께서 나 자신이 삶에서 귀한 선물을 받았음을 자각할 수 있도록 불러 주시는 '자아 지향적인 분'이라는 개념이 필요하다.

때때로 하느님의 존재를 배제하기도 한다. 특별히 무언가를 하느님께서 허락하지 않으실 거라고 의식할 때 그렇다. 이는 실제로 어떤 행동을 할 때 그렇다기보다, 하느님을 그렇게 생각할 때를 말한다.

어느 목사가 이런 이야기를 해 주었다. 어린 시절, 그의 집 주방에는 예수 성심이 그려진 성화가 걸려 있었다고 한다. 그는 선반에 놓인 단지에서 과자를 꺼내 먹고 싶을 때마다 성화 속의 예수님을 바라보면서 참았다. 예수님께서 군것질을 허락하지 않으실 거라고 생각했기 때문이다.

그는 여러 해가 지난 후 이 이야기를 친구에게 들려주었다. 그러자 친구는 이렇게 말했다. "나는 성화 속의 예수님을 볼 때마다 그분께서 나를 반기시며 부르신다고 느꼈어." 그 말을 들은 목사는 "저런, 그때 내가 그걸 알았더라면 과자를 두 개씩 꺼내 먹었을 텐데!"라고 말했다.

사랑이신 하느님과 함께 살고자 한다면, 나 자신을 묶고 있는 '반드시 해야만 돼.'라는 마음의 사슬을 끊어 버려야 한다. 그리고 비열함, 탐욕, 두려움, 불안감, 습관, 경쟁심 따위의 족쇄도 풀어 버려야 한다. 그렇게 되면 지금 이 순간의 삶이 하느님 사랑으로 인해 새롭게 변화됨을 경험하게 된다. 이는 지금 여기에서 매 순간마다 영적인 삶을 살아감을 의미한다. 그렇지만 원하는 걸 다 얻고, 바라는 걸 다 갖는다는 뜻은 아니다. 또한 금지된 것에 휘둘리거나, 욕망을 억제하는 것을 의미하지 않는다. 지금의 삶에 온전히 존재하고 경험하며 즐기는 것이지, 사로잡혀 있거나 거부하려고 애쓰는 모습이 아니다.

지금 이 순간을 사는 사람들은 욕망이 적고, 많이 내어주며, 두려움을 적게 느끼고, 즐겁게 살아간다. 모순처럼 들릴 수 있다. 하지만 그들이 작은 것에서 기쁨을 느낄 수 있는 이유는 '작지 않기' 때문이다. 그들은 나눌 수 있다. 자신 앞에 펼쳐진 삶을 더 많이 경험할 수 있기에 부족함을 느끼지 않는다.

우리는 미래를 준비하도록 훈련되었다. 그래서 늘 현재의 상황을 개선하기 위해 뭔가를 찾아내야 하며, 지금 상황이 불안정하게 느끼도록 교육받았다. 이것이 문제다. 지금 이 순간을 사는 단순하고도 영성적인 삶은 삶의 아주 작은 부분도 즐길 수 있는 깨달음에 이르게 한다. 대부분의 경우에, '현재 상황을 개선하는 것'은 '불행하게도 지금 이 순간을 즐길 수 없다는 것'으로 바꿔 말할 수 있다. 계획을 세우는 것은 물론 필요한 일이다. 그러나 삶이 95퍼센트의 계획과 5퍼센트의 실천으로 구성되어서는 안 된다. 오히려 그 반대가 되어야 한다. 그러므로 삶을 개선하는 방법을 찾는 데에만 시간을 **빼앗겨**서는 안 된다.

끝없이 계획만 하고, 매 순간을 살지 못하도록 만드는 삶의 쳇바퀴를 멈추게 할 수 있는 방법은 무엇이 있을까? 바로 나의 죽음과 사랑하는 이들의 죽음을 떠올리는 것이다. 이미 세상을 떠난 이들을 떠올려 보라. 지금 그들과 얘기해 보고 싶지 않은가? 그리고 함께 더 많이 즐겁게 보냈으면 하고 바라지 않는가? 혹은 당신이 1년이나 심지어는 몇 주밖에 살지 못한다는 것을 알았다고 해 보자. 여전히 습관처럼 그렇게 하루를 보내고 싶겠는가?

나는 매일 내 앞에 놓인 선물을 볼 수 있게 해 달라고 기도한다. 내 앞에 누가 있는지, 무엇이 있는지 의식하며 이들을 즐기려고 노력한다. '회상'을 긍정적으로 이용하는 가장 좋은 방법은 후회나 향수에 젖어 시간을 허비하지 않는 것이다. 대신 과거의 무지를 깨닫고, 거룩하고 경이로운 지금 이 순간에 집중한다. 지금 이 순간에 주의를 기울이면 그 결과는 놀라울 것이다. 특히 현재를 느낌으로써 하느님께서 오늘 새롭게 가르쳐 주시는 것을 알 수 있다.

성찰하기

지난 몇 해 동안 새로 얻게 된 견해가 없거나, 여태껏 소중하다고 여겼으나 버린 견해가 있는가? 만약 없다면 손목의 맥박을 짚어 보라. 당신은 죽은 사람이나 매한가지다.

— 겔릿 버지스

무언가를 계획하고 준비하느라 삶을 얼마나 많이 낭비했는지 성찰해 보라. 이렇게 삶을 낭비하고 싶지 않다면 어떻게 해야 할까? 계획을 세우는 데 삶의 5퍼센트를 투자해라. 그리고 나머지 95퍼센트의 삶을 철저히, 진실하게 살아라. 그리고 어떤 것이든 기꺼이 배우며 모든 것이 새로워지도록 하라. 낡은 가르침과 경험에 사로잡혀 있지 말고 새로운 지식을 받아들이도록 하자.

일곱 번째 영적 가르침

**지난 일을 걱정하고 미래에 집착하는
자신을 떨쳐 내는 것이 좋다.
그렇게 되면 현재를 즐길 수 있다.**

걱정은 그만두고, 미래를 지배하려는 바람도 버려야 한다. 또한 나와 주변의 착한 이들이 죽거나 사물(재물)들이 없어지지 않을 거라는 잘못된 믿음도 버려야 한다. 모든 것은 영원하지 않다는 사실을 깨달아야 한다. 그러면 내 곁에 있는 이들이 세상을 떠난 다음이 아닌, 지금 이 순간 그들에게 감사할 수 있다. 욕심을 부려 쥐고 있으려 하지 말고, 주어진 것을 즐겨라. 너무 늦기 전에 지금 나에게 좋은 일을 하라. 현재를 즐김으로써 낡은 가르침을 버려라. 과거에 안주하려는 잘못된 생각을 버리고, 하느님께 새로운 지식을 받아들여라.

영적인 태도 지니기

앤 모로우 린드버그는 "삶에서 가장 진 빠지게 만드는 일은 진실하게 않게 살 때라는 걸 알게 됐어요."라고 말했다. 진정 진실하다는 것은 영적 태도의 기본이며, 우리는 그로 인해 분명하고도 희망적인 시야를 갖게 된다.

사람이 하느님께서 의도하신 대로 존재할 수 있다면 과도한 자기 의심이나 거만한 자기 의지를 버리고 자유롭고 꾸밈없이 살 수 있을 것이다. 그렇게 하여 솔직해지면 방어나 불안, 판단력 저하나 불필요한 스트레스와 충동으로 점철된 삶에서 벗어나게 된다. 우리는 단순하고 평범하다. 또한 평범하다는 것은 완전한 성스러움이다.

그러나 평범함은 그렇게 단순하지 않다. 평범해지기 위해서는 매일 확실하게 영적인 태도를 품고 있어야 한다. 그렇지 않다면 마음속 단순함은 사라지고, 삶이 다시 혼란스럽고 복잡해질 것이다.

나는 지금까지 믿음, 마음 열기, 단순함, 감사, 회상, 자긍심, 지금 이 순간을 살아가기 등을 강조했다. 이것이 단순하게 사는 방법이기 때문이다. 우리는 나 자신과 하느님, 그리고 영적 태도로 절충된 세상을 어떻게 보고 있는가? 자기 자신과, 하느님과 세상에 대한 견해로 자신의 영적 태도를 알 수 있다. 그 견해는 삶에 감사하며 살고 있는지, 또는 이떻게 살아가는지를 결징짓는다.

영적인 태도를 좀 더 잘 알고 발전시키도록 제시한 방법들은 단지 출발점에 불과하다. 사람은 각각의 성격도 다르고 발달의 정도도 다르기 때문에, 나의 내적인 삶을 성찰함으로써 다른 방법을 발견할 수 있다. 또한 기도와 다른 사람과의 관계로 영적인 태도에 대해 많을 것을 알 수 있다. 이에 대해서는 다음 장에서 다루게 될 것이다. 우리는 이 두 종류의 만남으로 받게 되는 은총에 자신을 열어야 한다.

성찰하기

 눈은 몸의 등불이다. 그러므로 네 눈이 맑으면 온몸도 환하고, 네 눈이 성하지 못하면 온몸도 어두울 것이다. 그러니 네 안에 있는 빛이 어둠이면 그 어둠이 얼마나 짙겠느냐? 아무도 두 주인을 섬길 수 없다. 한쪽은 미워하고 다른 쪽은 사랑하며, 한쪽은 떠받들고 다른 쪽은 업신여기게 된다. 너희는 하느님과 재물을 함께 섬길 수 없다. 그러므로 내가 너희에게 말한다. 목숨을 부지하려고 무엇을 먹을까, 무엇을 마실까, 또 몸을 보호하려고 무엇을 입을까 걱정하지 마라. 목숨이 음식보다 소중하고 몸이 옷보다 소중하지 않으냐?

 하늘의 새들을 눈여겨보아라. 그것들은 씨를 뿌리지도 않고 거두지도 않을 뿐만 아니라 곳간에 모아들이지도 않는다. 그러나 하늘의 너희 아버지께서는 그것들을 먹여 주신다. 너희는 그것들보다 더 귀하지 않으냐? 너희 가운데 누가 걱정한다고 해서 자기 수명을 조금이라도 늘릴 수 있느냐? 그리고 너희는 왜 옷 걱정을 하느냐? 들에 핀 나리꽃들이 어떻게 자라는지 지켜보아라. 그것들은 애쓰지도 않고 길쌈도 하지 않는다. 그러나 내가 너희에게 말한다. 솔로몬도 그 온갖 영화 속에서 이 꽃 하나만큼 차려입지 못하였다. 오늘 서 있다가도 내일이면 아궁이에 던져질 들풀까지 하느님께서 이처럼 입히시거든, 너희야 훨씬 더 잘 입히시지 않겠느냐? 이 믿음이 약한 자들아! 그러므로 너희는 '무엇을 먹을까?', '무엇을 마실까?', '무엇을 차려입을까?' 하며 걱정하지 마라. 이런 것들은 모두 다른 민족들이 애써 찾는 것이다. 하늘의 너희 아버지께서는 이 모든 것이 너희에게 필요함을 아신다. 너희는 먼저 하느님의 나라와 그분의 의로움을 찾아라. 그러면 이 모든 것도 곁들여 받게 될 것이다. 그러므로 내일을 걱정하지 마라. 내일 걱정은 내일이 할 것이다. 그날 고생은 그날로 충분하다.

— 마태 6,22-34

나는 세상에 대해 전반적으로 어떠한 태도를 갖고 있는지 생각해 보자. 나의 태도를 어떻게 발전시켜서 거룩하고 평범하며, 솔직하게 만들 수 있는지 말이다. 그렇게 되면 어떤 환경에서든 하느님께서 바라시는 사람이 될 수 있을 것이다. 내가 성숙한 영적 태도를 지닌, 더 진실하고 완전한 사람이 되려면 무엇이 필요한가? 나를 어떻게 바라보아야 하는가? 이것을 가능케 하려면 어떤 단계를 거쳐야 하는가? 영적 태도가 단지 힘을 뺏기고 마는 힘든 훈련이 아님을 인식하고, 평생 추구해야 할 가치 있는 은총을 구하기 위해 매일 어떻게 기도해야 하는가? 단순하고 강한 기도 생활을 위하여 어떤 영적인 태도를 지녀야 하는지, 다시 질문을 던져 보라.

사람들은 나와 함께 있을 때 어떻게 느끼는 것 같은가?

나는 진정으로 깨어 있으며, 내 삶에 현존하시는 하느님 앞에 깨어 있는가?

일상에서 나의 행동은 나를 잘 드러내고 있는가?

여덟 번째 영적 가르침

**하느님께서 창조하신 그대로,
평범하고 단순하고 솔직해져라.**

나 자신을 인식함으로써 영혼을 부드럽게 하라. 그러면 스스로를 방어하지 않고 온전하게 드러내면서 보호할 수 있다. 평범한 사람은 바른 견해를 지니고 영적 태도로 가득 채워진 이를 말한다. 영적 태도란 믿음과 열린 마음과 감사로 채워져 있고, 욕구, 두려움, 걱정에서 벗어난 태도다.

― 제2장 ―

영적인 삶을 위한 작은 습관

하느님께 성공을 바라지 않았다.

오직 경이를 청했더니

하느님께서 내게 그것을 주셨다.

— 아브라함 조슈아 헤셸

§

 참된 영성은 언제 나타날까? 바로 하느님과 함께하는 삶이 일상에서 겪는 문젯거리나 즐거움만큼이나 현실적일 때이다. 그렇게 되기 전까지는 우리는 서로 다른 두 개의 세상을 살아간다. 하나는 참된 것으로 보이고 현실적이며 요구하는 게 많은 세상이다. 다른 하나는 우리가 간절히 바라는 영성적인 세상이다. 우리는 나 자신이 이 세상에 매어 있으며, 큰 짐을 지고 살아간다고 생각한다. 그러다가 기도를 드리며 하느님 신비 속으로 침잠해 평화를 누리면 이곳에 계속 머물 수 있기를 바란다.

 이러한 두 개의 상이한 세상이 끝나게 되면 삶은 진정

한 의미와 평화와 경이로 가득 찬다. 이는 어떤 폭력이나 혼란이 닥쳐도 변하지 않는다. 진정으로 기도하며 살 때 두 세상은 함께 있다. 하루 종일 하느님을 자연스럽게 인식하면 두 개의 세상을 동시에 살게 된다. 이것이 진정한 영적 삶이다.

두 개의 세상이 하나가 되도록 하는 것은 무엇일까? 하느님을 더 많이 생각할 수 있기를 간절히 바라면서도, 일상의 할 일에만 전념하는 상태에서 벗어날 수 있을까? 정답은 '작은 습관'을 발전시키는 것이다. 이를 실천하면 기도는 넓어지고 깊어지며, 삶 전체가 영성적으로 바뀌게 될 것이다. 기도의 삶을 사는 데 필요한 기본 요소는 '조용히 성찰하기', '하느님과 대화하기', '성경 읽기', '신앙 체험 나누기', '영성 서적 읽기'이다.

작은 습관을 실천하면 삶의 모든 것이 의미 있고 진실한 방향으로 흘러간다. 세속적인 것을 성스럽게 바꾸는 것은 무엇이며, 성스러움이 세속적인 것과 더 이상 다르지 않도록 되는 것은 무엇인가? 일상에서 일어나는 모든 일에서 이러한 구별이 없어지는 것을 어떻게 인식할 수 있는지 살펴보자. 그렇게 되면 예전에 진실하고 실질적이라고 보았던 것들과, 나의 죽음과 영성적인 성향을 인식의 빛으로 다르게 보기 시작한다. 이때 모든 것이 진실로 새로워진다.

침묵 안에서 하느님과 함께

나는 매일 하느님과 조용히 보내는 시간을 즐거운 마음으로 기다린다. 여행을 떠날 때에도 작은 초와 성화를 가져간다. 그러면 호텔 방에서 눈을 떴을 때, 외롭지 않고 마음도 흐트러지지 않는다. 우선 하느님과 함께 작은 성화상과 타오르는 촛불이 있는 곳에 조용히 앉는다. 이때, 밤의 상념과 다가올 날들의 욕망과 걱정들이 떠오르고 커진다. 그러다 마침내는 하느님께로 사라진다.

나는 밖으로 나가기 전에 이런 방식으로 마음을 모은다. 인생에서 정말로 중요한 게 무엇인지 생각해 보면 사람들을 만날 때 도움이 된다. 그러면 진실한 삶과는 거리가 먼 의견이나 감정, 반응, 거절 따위로 마음이 흔들리지 않는다. 하지만 대부분의 사람들은 마음이 쉽게 산만해지기 때문에, 침묵 속으로 단숨에 들어갈 수 있는 것은 아니다. 또한 잠잘 때조차 정신없는 꿈에 시달리기도 한다. 우리의 하루는 생각해야 할 것들과 전화를 해야 하는 일, 재미있는 일, 끝내야 할 일들로 가득 차 있다. 그럴 때 갑자기 멈추면 얼마 뒤에 고요함이 찾아든다. 이따금 소음이 들려오기도 하지만, 그저 하느님 손에 맡겨 드리면 가라앉기도 한다. 또 어떨 때는 소음이 잦아들고 하느님의 빛으로 따스함을 느끼며 가만히 앉아 있게 될 때도 있다. 이럴 때가 바로 하느님과 친교를 맺는 순간이다. 이 순간 우리는 굳이 하느님의 말씀을 들으려고 애쓰지 않아도 된다. 이럴 때는 침묵이 우리를 가르치고 위로하도록 내버려 두도록 하자. 낯설게 느껴지지만 침묵 자체가 하느님의 목소리가 된다.

대개 아침이나 저녁 시간에 이런 침묵을 갈망하게 된다. 그러나 침묵하는 데에 어려움을 느끼는 이유가 각자 하나씩 있다.

"우리 집은 너무 시끄러워요."

"잠시라도 조용하게 앉아 있을 만한 곳이 없어요."

"묵상하는 방법을 몰라요."

"제가 하는 기도는 책에서 말하는 기도와 완전히 다른 거 같아요."

"기도하려고 앉아 있으면 걱정거리만 떠올라요."

"좋은 아이디어가 떠올라 이를 잊어버리지 않기 위해 메모하려고 일어나게 돼요."

"어떻게 시작하는지도 모르겠어요."

"힘들 때 말고는 제대로 기도한 적이 없어요."

"아침이든 저녁이든 조용히 앉아 있기만 하면 잠들어 버려요."

이 밖에도 더 많은 이유가 있을 것이다. 물론 충분히 이해한다. 하지만 실은 변명에 지나지 않는다. 마음속 고요한 장소로 들어가려면 인내와 노력이 필요하다. 사실 그 장소는 마음속에 이미 존재하고 있다. 우리는 어린아이처럼 놀라워하고 기뻐하도록 타고났다. 고요함과 인내, 그리고 몇 가지 간단한 방법을 쓰면 다시 그렇게 될 수 있다. 다음은 작은 습관에 포함할 수 있는 몇 가지 간단한 예다.

아침이나 저녁에 잠시 침묵과 고독에 빠져들 수 있는 조용한 장소를 찾아라. 가족이 많아 번잡하거나 작은 아파트라서 조용한 장소를 찾는 것이 불가능할 때, 나는 남들보다 훨씬 일찍 일어나거나 밤늦은 시간까지 기다린다. 침대에 눕거나 욕실을 이용하거나 혹은 독서를 할 때처럼 구석에 앉는다. 어디에 있든지 문을 닫고 혼자 머물 수 있는 방이 있으면 가장 좋다. 익숙한 장소에서 방해받지 않을 수 있으면 기도하는 데 도움이 된다. 작은 성화상이나 영적으로 도움을 주는 그림을 앞에 두고 촛불을 밝힌다. 이러면 의식적으로 하느님의 현존을 떠올릴 수 있다. 그러다가 마음속 산만한 생각들이 점차 잦아든다. 이때 인생은 짧고 오늘은 영원함을 묵상할 수 있게 되며 지금 이 순간에 더 주의를 기울일 수 있다. 누군가 "인생은 지금 여기에 있지만 우리는 다른 일을 하느라 바쁘다."라고 말했다. 그럴 때 이 촛불은 내가 귀하게 얻은 이 소중한 시간에 깨어 있도록 슬쩍 건드린다.

때때로 성경을 읽거나 영적 독서를 하는 것은 영혼을 온유하게 하는 데 도움을 준다. 이러한 글들을 분석하지 말고, 마치 조용하고 편한 친구처럼 그냥 곁에 두고 읽는 게 좋다.

침묵하는 중에 걱정거리가 떠오르거나 기분이 나빠질 수 있다. 이때는 쉬면서 성경이나 영감을 주는 책 몇 구절을 읽어 보는 것도 좋다. 이런 책에는 읽을 만한 좋은 구절이 많다. 특히 프란치스코 살레시오 성인의 《신심 생활 입문》이나 토마스 머튼 또는 헨리 나우웬의 책을 읽으며 성찰해 볼 수 있다. 이중 무엇을 선택하든, 하느님의 사랑과 평화를 찾을 수 있다. 이는 죄에 짓눌리지 않고 얻을 수 있다.

기도하지만 내 안에서 아무 일도 일어나지 않을 때는 인내심을 가지는 게 중요하다. 그리고 너무 산만해지면 특정한 단어, 예를 들면, 사랑, 하느님, 관대함과 같은 말을 반복하여 마음을 편안하게 하자. 만약 발전 없는 만년 초보자 같은 느낌이 든다면, 토마스 머튼이 "기도 속에서 우리는 언제나 무기력하다."라고 한 말을 떠올려 보자.

기도가 의무처럼 되었거나 누군가를 기쁘게 해 주기 위한 시간이 되었는가? 이때는 기도를 재점검해 보아야 한다. 침묵과 고독은 하느님 품에 안겨 쉴 수 있는 시간이자 장소다. 또한 사랑하고 사랑받는 시간이다. 이를 느낄 수 없다 하더라도 이러한 사랑이 있다는 것을 떠올려야만 한다. 그래야 가슴으로 느낄 수 있게 된다. 침묵과 고독 중에 있을 때도 편안하고 자유로우며 나 자신이 사랑받고 있음을 느껴야한다.

성찰하기

고요하게 명상에 잠김으로써 믿음으로 충만해질 때, 차츰 자기 자신을 좀 더 깊이 경험하게 된다. 중요하지 않고, 시급하지 않은 일을 하며 무의미한 시간을 보내다 보면 결국 내 자신이 무능력하게 느껴진다. 그러면 근본적으로 나 자신이나 다른 사람의 문제를 해결할 수 없기에, 세상을 바꿀 힘이 없음을 깨닫는다.

이 경험을 피하지 않으면 당신을 짓누르던 수많은 계획과 할 일들이 더 이상 중요하지도, 급하게 느껴지지 않는다. 그리하여 마침내 하느님과 함께 자유롭게 있게 된다. 그리고 그 일들은 삶에서 적절한 위치에 자리 잡는다.

— 존 유디스 뱀버거 수도원장이 헨리 나우웬 신부에게 한 이야기 중에서

감사한 마음으로 침묵과 고독에 잠길 수 있는 장소를 어떻게 발견할 것인가? 잠시 홀로 있고자 할 때 나를 방해하는 것은 무엇인가? 그 방해물을 어떻게 처리할 수 있는가?

> 아홉 번째 영적 가르침

매일 새롭고 신선해질 수 있는 장소, 감사한 마음으로 침묵과 고독에 잠길 수 있는 장소를 물색해서 그곳으로 들어가라.

적어도 2분 정도는 나 자신을 되돌아볼 수 있도록 고요한 시간을 갖는 것을 습관화하라. 이 시간이 길어지면 길어질수록 더욱 놀라운 경험을 하게 된다.

아무리 바쁘더라도 하루라도 거르지 말아야 한다. 매일 2분이라도 할애하여 모든 것을 멈추고 나 자신을 돌아보라. 낮 동안에도 최소 한 번, 가능하다면 저녁 시간에도 몇 분 정도 이런 시간을 갖도록 하라.

하느님과 대화 나누기

하느님과의 대화는 '천국으로 통하는 창문'이다. 사람들은 오늘날 기술이 진보된 사회에서 남에게 뒤떨어지지 않기 위해 매일매일 많은 지식을 갖추려고 애쓴다. 나는 하느님과의 대화가 내게 교훈을 주고, 정직해지고, 올바른 관점과 평화를 추구하는 데 도움이 된다는 사실을 알게 되었다.

한번은 이런 질문을 받은 적이 있다. "하느님과의 대화에서 나의 생각이 투영되는 부분은 어떤 것인가요?" 다시 말하면 '하느님과의 대화에서 나의 것과 하느님의 것을 어떻게 구분할 수 있나'라는 의미다. 대답은 간단하다. 하느님과의 대화에서 이루어지는 모든 말은 나 자신의 생각이 투영된 것이라고 생각한다. 그럼에도 불구하고, 그분이 하시는 말씀에는 나의 말과 생각이 그대로 들어 있다. 이를 구분하려는 노력을 해야 할지, 하지 않아야 할지는 각자의 결심에 달려 있다. 이러한 노력과 함께 그분과의 대화에서 메시지의 근원을 잘 구분하려면 '하느님의 말씀'을 벗겨 내는 작업보다는, 기도를 통한 대화의 결실을 잘 들여다보아야 한다. 하느님과의 대화에 진정성이 있는지를 판단하는 기준은 이것이 평범하고 일상적인지 아닌지에 달렸다.

하느님과 대화를 하면서 절망이나 불안에 휩씨이거나 스트레스를 받는 것이 아니라 힘을 얻고 도전 의식을 느꼈는가? 그렇다면 이것이 바로 하느님께서 주시는 격려일 것이다. 그러나 이를 이해했더라도, 끊임없이 신뢰하는 사람들과 이 주제에 관해 논의를 계속해야 한다. 초대 교회의 교부들이 늘 했던 경고의 말처럼 내가 나 자신의 영성 지도자라면 그는 아주 어리석은 지도자일 것이다.

하느님과의 대화를 더욱 무르익게 할 수 있는 두 가지

방법이 있다. 첫째는 '정직'이며, 두 번째는 '초자아적 경향을 지닌 하느님'이 아닌, '자아적 경향을 지닌 하느님'과 대화하려는 노력이다.

 정직은 쉽게 실천하기는 어렵지만 분명하다. 기도할 때 내가 느끼는 것과, 하느님께서 내게 말씀하신다고 믿는 모든 것을 전부 다 털어놓도록 한다. 그분께 말하고 싶은 것을 다 말하고 기다려 보자. 그러고 나면 정말 하느님의 말씀이 무엇인지 알게 될 것이다. 이렇게 하면 나 자신의 어리석은 면을 잘 알게 된다. 나 자신에게는 완전히 솔직하지 못해도, 하느님께는 솔직해질 수 있다.

 두 번째 방법에 대해서는 좀 더 설명이 필요하다. '초자아적 경향을 지닌 하느님'이란 우리 양심의 판단에서부터 오는 하느님 상이다. 이때의 양심은 아주 엄격하다. 그래서 하느님과의 대화가 자주 짧게 끝나 버리거나 뒤틀려 있는데, 아주 편협하게 만들어 낸 하느님 상에게 말하기 때문이다. 그리고 이럴 때의 대화 주제는 죄의식, 요구, 거절, 의무 등이다. 이는 강한 어조를 띤 아버지의 모습이다.

반면에 '자아적 경향을 지닌 하느님'은 나를 초대해 주시고, 사랑하며, 격려하고, 자극을 주신다. 하느님께서는 우리의 양심보다는 오히려 감정을 이용하신다. 부정적인 어조를 쓰기보다 사랑의 언어를 사용하신다. 그렇지만 이것이 "어떤 일이든 괜찮다."라는 말은 아니다. 성경은 절대 이를 정당화하지 않는다. 성경에도 우리를 깨우쳐 주기 위해 어느 정도 죄의식을 느끼게 하는 메시지가 들어 있다. 옳은 일을 하도록 부추기기 위하여 때로 죄의식이 필요하다고 생각하는 이들도 있지만, 영적인 삶은 이런 식으로 유지되는 게 아니다. 사랑은 계속해서 우리가 옳은 일을 하도록 격려한다. 이것이 가장 자연스러운 일이기 때문이다.

하느님과 대화를 시작하기 전에 먼저 사랑에 대해 기대하고 사랑을 느끼고 알아야 한다. 그런 뒤에 하느님과의 대화가 흘러가는 대로 내버려 두어라. 자신의 강렬한 감정을 털어놓아라. 그러고는 하느님의 말씀을 듣도록 하라.

하느님으로부터 온 생각이라고 느껴지는 무언가가 있

다면 잘 생각해 보라. 침묵 속에서 이에 대해 기도하고, 신뢰할 수 있는 영성 지도자와 이야기를 나누자. 그러면 하느님을 체험하게 되며, 그 체험은 영적인 성장과 자극을 준다. 살아 있는 하느님과 좀 더 현실적이며 친밀한 관계를 맺을 수 있는 기초가 될 것이라 믿는다. 우리가 진정으로 추구하는 것은 이런 게 아닐까?

성찰하기

하느님을 깊이 믿게 되면 그분에게 어떤 것이든 청하게 된다. 나는 매일 그분께 새로운 질문을 드린다. 그러면 하느님께서 대답해 주신다. 또한 진실된 질문에 결코 화내지 않으신다.

— 파라마한사 요가난다

지금 나의 삶에서 가장 중요한 일은 무엇인가? 하루를 시작하기 전에 하느님과 이를 나누어라. 그리고 하루가 끝날 때, 하느님께 오늘 나의 일상이 어떠했는지 말씀드리자. 또한 소중한 삶을 주셨음에 감사드려라.

> 열 번째 영적 가르침

매일 하느님과 정직하게 마음을 열고 자주 대화하라.

나에게 일어나는 크고 작은 일들을 하느님께 말씀드리면 기도는 좀 더 자연스럽고 깊어질 것이다. 하느님께 질문을 드리거나 감정, 혼란, 당신의 사랑을 말씀드려라. 이런 단순하고 자연스러운 대화를 나눈다는 것은 나의 일상에 존재하심을 의미한다.

성경, 영원불변한 지혜의 말씀

대부분의 사람들은 성경을 읽는 시간이 얼마 되지 않는다. 이는 정말 놀라운 일이다. 아침 시간이나 밤에 잠들기 전에 하느님이 말씀과 함께 머문다면, 인생은 그야말로 풍성해지고 기도 생활도 안정된다. 우리보다 앞서 이 길을 걸어간 사람들이 전하는 말을 읽으면 현재 하느님과 나의 관계를 알 수 있다.

성경을 읽는 데 좀 더 많은 시간을 할애한다면, 하느님께 감사하는 마음도 생긴다. 우리가 교회나 사원, 아슈람이나 회당 등에서 성경(경전)에서 발췌된 부분을 듣거나 읽는 것만으로는 하느님 말씀을 충분히 알아들을 수 없다. 어떤 종교든 '경전'이 있는데, 그리스도교의 경전인 성경은 신앙의 근본이 흔들리지 않도록 한다.

성경 말씀을 마음에 새기며 나 스스로 어떻게 행동할 것인지 성찰해 보면 점차 그 이야기 안으로 녹아들게 된다. 그러면 나의 운명도 만들어 가게 된다. 우리는 삶이 고통스러울 때나 하느님의 존재가 희미해지고 신앙의 뿌리가 흔들릴 때 절망한다. 그러나 성경을 일주일에 한 번, 하루에 최소 15분 정도라도 읽게 되면 변화가 시작된다. 물론 고단한 한 주일을 마무리하며 성경을 읽는 것이 삶의 어려움과 혼란을 단번에 없애 주지는 않는다. 하지만 막연히 걱정하는 것을 제대로 바라볼 수 있게 하고, 이런 걱정이 삶이 중심에 놓이지 않고 가장자리로 물러날 수 있도록 해 준다.

이러한 발견은 내가 절대 외로운 존재가 아님을 깨닫게 한다. 시편의 저자는 고통을 겪을 때 하느님께서 이를 위로해 주시고, 받아 주시길 바랐다. 우리는 성경을 읽을 때 이런 부분에 공감하며 느낄 수 있다.

성경으로 하느님과 가까워질 수 있는 이유는 내가 이

이야기의 일부가 될 수 있기 때문이다. 성경은 과거에 영감을 받아 쓰인 것이지만, 역설적이게도 오히려 현재와 더 관련되어 있다. 현재 나를 옭아매고 있는 세상을 해석하는 방법을 더 잘 깨닫게 해 주기 때문이다. 그래서 성경 말씀은 영원히 살아 있다.

우리는 현재의 상황이 몇 년 후, 혹은 몇 달, 몇 분 후면 변하게 된다는 사실은 너무나 자주 잊어버린다. 성경은 그 변하지 않는 지혜를 상기시킨다. 그리고 삶 속에 하느님께서 자리하고 계신다는 사실을 기억하도록 한다.

성찰하기

"삶이란 무엇인가?"에 대한 답을 절실히 구하는 사람은 성경에서 이를 찾을 수 있다. 인간의 운명은 정복자가 되는 것이 아니라 동반자가 되는 것이다. 우리가 해야 할 일은 일, 법, 길이다. 일이란 구원에 이르는 것이고, 법은 정의와 사랑의 실현이며, 길은 인간이 거룩함과 함께 살아가는 비결을 말한다.

— 아브라함 조슈아 헤셀

가장 좋아하는 성경 구절은 무엇인가? 매주 15분 정도 성경을 읽어 보자. 마음에 와 닿는 글에 밑줄을 긋고, 조그만 영적 노트에 그 글귀를 옮겨 적어 보라. 그렇게 해서 자신만의 성경을 만들어 나가면 힘들 때나 기쁠 때에 용기와 도움을 구할 수 있다.

> 열한 번째 영적 가르침

성경은 현세적인 사고방식의 고리를 끊어 버린다.
그러니 영적으로 맑은 의식을 지니고
가능한 한 자주 읽어야 한다.

성경을 읽을 때는 잘 알고 있는 이야기를 읽듯 하거나, 혹은 내가 겪은 상황인 듯 읽어서는 안 된다. 성경에는 희망과 열정, 지적 호기심이 있다. 그리고 이 '나이 든 친구'는 바로 이 자리에서 내게 이야기를 들려줄 것이다.

신앙 나누기

나는 강의실, 교회, 혹은 어떤 모임에서 만난 사람 모두를 내가 속한 공동체의 사람이자 가족이라고 여긴다. 그들은 현재 이 순간에 나와 함께 있다. 그리고 나의 인생 여정에 스승이 되어 주고 있다. 비록 가족도, 이웃에 사는 친구도 아니지만 나에게 새롭고 다른 방식으로 특별한 존재다. 이런 사고방식을 가진 뒤로 한결 편안해졌다. 다른 사람의 능력에 나 자신을 열어 놓고 드러내며, '다른 사람이 나를 좋아해 주고 이해해 줄까?'라는 염려 없이 자유롭게 사랑을 나누게 되었다.

그리고 내 주변의 '평범한 성인들'을 인식하기 시작했

다. 이들은 깊은 신앙을 지니고 있고, 하느님께 선물을 받았다. 하지만 세상은 이들을 알아보지 못한다. 어떤 면에서는 훨씬 더 나을 수도 있다. 이 세상에서는 성스러운 사람을 구경거리처럼 만드는 경향이 있는데다, 기어코 결점을 찾아내어 깎아내리려하기 때문이다.

만약 우리가 열린 마음과 희망을 품고, 규정은 짓지 않지만 기대를 갖고 다른 사람들을 받아늘인다면 놀라운 통찰력을 지닌 사람이 될 것이다. 이렇게 되면 매일의 삶을 진리로 초대하는 현재의 삶을 축하할 수 있다. 그러나 유감스럽게도 반대의 경우도 사실이다.

최근에 볼티모어에서 교회 시노사들의 회의가 있었다. 초대된 아홉 사람 중 네 명은 내가 아는 이였고, 두 명과는 절친한 사이였다. 한 사람은 똑똑하고 재능 있는 지도자고, 다른 한 사람은 조용하고 부드러운 품성을 지닌 교수로 겸손하고 거룩한 사람이었다. 회의 내용을 들어 보니 참석한 대부분은 회의 결과에 어느 정도 만족한 것 같았다. 그러나 참석자 중 한 사람이 들려 준 이야기로 진행 상황을 종합했더니 새로운 사실을 알게 되었다. 회의 책임자인 내 친구는 자신이 제안한 안건을 강력히 몰아 붙였다. 그로 인하여 그 겸손한 교수가 지닌 거룩함을 보지도 못했으며, 이 거룩함을 이끌어 내지 못했던 것이다. 나는 이것이 부끄러운 일이라 생각했다. 그러고 나서 나 역시도 친구처럼 내가 해야 할 일에만 매달리고, 편협한 고정관념에서 벗어나지 못해 얼마나 자주 거룩함을 놓쳐 버리고 말았는지를 생각해 보았다.

그러므로 공동체가 항상 나를 초대한다는 사실을 기억하고, 신앙 나눔을 위해 깨어 있어야 한다. 오랜 친구나 새로 사귄 친구들과의 일상적인 만남, 예를 들면 식사 시간이나 우연히 지나가다 마주쳤을 때, 종교적인 언어를 사용하지 않을 때에도 이런 신앙의 나눔은 있어야 한다. 이렇게 나 자신을 열어 두면 신앙 나눔으로 참을성도 길러지고, 신앙 나눔 그룹에 도움을 줄 수 있다는 것을 알게 된다. 이렇게 달라진 모습에 스스로 놀랄 것이다.

필라델피아에 있는 수녀님들과 저녁 약속이 있어 차를 몰고 가던 중이었다. 그 순간 미소 짓고 있는 나 자신을 보며 내가 이분들과의 만남을 진실로 기대하고 있음을 깨달았다. 나는 여러 해 동안 필라델피아의 수녀님들과 행복하게 지냈고, 그래서인지 그곳이 고향처럼 느껴졌다.

문득 이런 생각이 들었다. 내가 가족이나 동료들보다도 필라델피아와 볼티모어에 있는 가르멜회 수녀님들과 더 많은 공통점이 있다는 사실이었다. 수녀님들을 자주 뵙는 것도 아닌데, 이런 느낌이 드는 것이 조금은 낯설었다. 하지만 그분들이 희망을 지닌 채 믿음을 찾고 있는 여정이 바로 내가 진정으로 찾고 있는 것임을 깨달았다. 수녀님들과 나는 인생에 대한 철학과 기질이 비슷했다. 나는 그분들과 함께 지내며 영적 여성을 섬는 내 힘을 얻었고, 영적으로 충만한 느낌을 갖게 되었다. 이는 '영적 여정을 잘 해 나가기 위한 투쟁'을 계속하고 희망을 버리지 않는 내게 아주 중요하다. 이처럼 신앙 체험을 나눌 수 있다는 것은 깊은 기도의 삶을 살아가는 데 중요한 요소다.

성찰하기

수많은 육체적, 정신적 고통을 받아들이고 견뎌 낼 수 있는 것은, 이 세상에서 다른 이들과 더불어 살아가는 삶이 의미 있음을 깨닫기 때문이다. 그러나 인류라는 가족에게서 단절되었다고 느끼는 순간 쉽게 절망에 빠지게 된다.

— 헨리 나우웬

나를 영적으로 도전하게 하고, 한편으로는 괴롭히지만 성숙할 수 있도록 도와주는 친구들은 누구인가? 직접 만나거나 전화 통화를 하거나, 편지나 이메일을 보내는 등 의미 있는 시간을 보낼 수 있도록 노력하고 있는가? 나는 이들과의 관계에 대해 어떤 희망을 갖고 있는가? 무엇이 이러한 관계에 발전을 가져오는가? 어떤 때 파괴되는가? 나의 역할은 무엇이며 만남이 더욱 가치 있으려면 어떻게 해야 하는가? 예를 들어, 사람들을 있는 그대로 받아들이려면 어떻게 해야 할까? 그리고 그들 자신을 있는 그대로 드러낼 수 있게 하려면 어떻게 도와주어야 할까? 물론 그들에 대해 터무니없는 기대를 할 필요는 없다.

> 열두 번째 영적 가르침

우리에게는 영감을 주고 도전하게 해 주며
어떨 때는 괴롭히기도 하지만 성장시킬
신앙 공동체의 친구들이 필요하다.
그리고 나의 현재 모습에 낙망하지 않은 채
살아가도록 불러 주는 친구도 필요하다.

나의 영적 생활에 도움을 줄 수 있는 사람들을 만나거나 찾아가라. 또는 전화하거나 문자 메시지 혹은 이메일을 보내며 관계를 맺어라. 하느님을 향한 나의 신앙을 조롱하거나 하찮게 보거나 교묘히 끌어내리려는 이들을 조심하자. 그들은 악한 것은 아니지만 무지하다. 누군가 당신의 머리에 돌을 떨어뜨린다면, 그것이 고의는 아니었다 하더라도 부상을 입게 될 것이다. 그러니 이런 이들을 조심하라.

영적 독서 시작하기

독서는 경이롭다. 유쾌하게 즐길 수 있게 하고, 진실을 보는 눈을 새롭게 해 주기도 한다. 또한 독서는 편협한 눈을 지닌 우리를 구해 준다. 인생은 짧지만, 독서를 하면서 일상에서 깨닫지 못하고 지나치는 것들을 새롭게 발견할 수 있다.

'영적인 독서'는 읽은 내용을 아는 것보다 마음가짐이 더 중요하다고 알려 준다. 영적인 독서는 성경과 영적인 삶에 관한 책뿐 아니라, 자서전이나 소설 등 다른 장르의 책으로도 가능하다. 이야기 속에 등장하는 인물을 자기 자신인 양 상상하면서 영적인 독서로 들어갈 수 있다. 자서전이나 신문이나 잡지를 읽으면서도 영적 여정을 경험할 수 있다. 이런 기대감을 갖고 독서를 하면 편안히 앉아서 책을 읽을 때와는 다르게 적극적으로 참여하는 모습으로 바뀌어 간다.

나는 무슨 책을 읽든 언제나 연필로 중요한 부분에 표시를 한다. 중요한 문장을 읽으면 강박증처럼 자를 대고 밑줄을 긋는다. 심지어 소설을 읽을 때도 마찬가지다. 이때 줄친 부분은 하나의 이야기가 되기도 하고, 때로는 습관처럼 굳어져 버린 자기만족이나 별 가치 없는 원칙이나 습관을 바꾸어 버릴 수 있는 경구가 되기도 한다.

책을 다 읽은 후에, 밑줄 친 부분을 다시 한번 읽으면서 여전히 중요하게 느껴지는지 확인해 본다. 확신이 들면 노트에 제목과 저자의 이름, 출판사를 적은 뒤에 밑줄 친 글을 필사한다. 이 작업은 시간을 필요로 하는 일이기에 정말로 중요한 것만 옮겨 쓰게 된다. 이렇게 해 보면 처음에는 아주 많은 부분을 옮겨 적게 되지만, 익숙해지면 글을 선별하게 된다.

이렇게 한 후에 노트에 쓰인 글을 다시 읽으며, 그 안에 담긴 사상을 완전히 받아들이도록 한다. 그렇게 하여 다시 한번 그중에서 중요한 부분에 또 줄을 치고, 색인 카드에 그 부분을 옮겨 적는다. 이런 작업을 하며 책을 읽게 되면, 독서를 하며 발견한 희망찬 내용들이 인생의 철학이 되기도 한다. 그리고 이를 의식 속에 차곡차곡 집어넣을 수 있다. 또한 특정 분야나 여러 작가의 책들을 읽고 작가의 사상에서 많은 영감을 받아 나 자신을 심화시키고 발전시킨다.

나의 이러한 독서법을 나만의 '렉시오 디비나'라고 생각한다. 렉시오 디비나는 고대 수도원에서 행하던 독서, 묵상, 기도, 관상을 일컫는 말이다. 그리고 좀 더 넓은 의미에서 사물을 볼 수 있게 하고, 다른 이들의 삶을 더 깊이 이해하며, 하느님께서 인간의 삶에서 어떻게 활동하고 계시는지 더 잘 알 수 있게 이끌어 준다. 이러한 독서는 오랫동안 잠자고 있던 무지의 껍질을 깨고, 하느님과 내가 함께 살아가고 있다는 것을 깨우치도록 한다.

성찰하기

훌륭한 자서전은 나 자신을 돌아보게 해 주고, 인간의 정신을 성찰하게 한다. 자서전은 역사와 영감을 구체적으로 보여 주며, 인생의 무한한 가능성에 대한 열정으로 전율케 한다. 훌륭한 자서전은 삶의 모범이 된다. 우리는 다른 사람들의 경험을 읽고 고난에 맞서며, 인내할 수 있으며, 외로움을 덜 수 있다. 자서전은 선택, 개인의 비전, 상호 의존에 대해 이야기한다.

― 마티나 S. 호너

누구나 하루 동안 해야 할 일과 자신만의 독서 방법이 있다. 성경을 읽고 영적 독서를 더 잘 하려면 어떻게 해야 할까? 독서를 하며 하느님께서 주시는 메시지를 더 잘 받아들이기 위한 방법으로 밑줄 긋기와 메모하기가 나에게 잘 맞는 방법인가?

> 열세 번째 영적 가르침

성경을 읽고 영적 독서를 함으로써 좋은 메시지를 받아들여라.

이런 작업을 할 때는 책에 밑줄을 긋고, 중요한 말은 옮겨 적어 보자. 특히 성경을 읽으면서는 자신을 성경의 등장인물이라고 상상하며 이야기를 재구성해 보라. 자기 안에서 중요한 주제를 느껴 보자.

작은 습관 실천하기

 영적인 삶에는 계획적인 방식과 자율적인 방식이 있는데, 이 사이에는 항상 긴장이 존재한다. 그래서 이 장에서는 '작은 습관'이라고 이름 붙일 방법을 제안한다. 이 습관은 하느님의 역사하심을 잘 감지하도록 한다. 또한 인생을 살아가면서 감수성, 감사, 경외, 자비심을 지니며 삶의 소중함을 깨닫도록 한다.

 침묵 속에서의 성찰, 하느님과의 대화, 성경을 읽으면서 즐기기, 다른 이와의 신앙 나눔, 나를 깨어나게 하고 깊어지게 하는 글에 몰두하기 같은 방법은 새로운 삶을 살아가는 데 필요한 방식이다. 만일 이런 접근 방식이 반드시 해야 하는 의무가 된다면 아무것도 이루지 못할 것이다. 반면 이를 무시하여 영성적인 감성을 확고히 할 수 있는 방법을 추구하지 않고 표면적인 삶을 살아간다면, 삶의 의미와 목적을 잃어버리는 위험에 빠지게 된다.

의무적으로 기도하는 생활과 기도하지 않는 생활, 이 두 가지 모두를 넘어서려면 삶 속에서 기도를 실천해야 한다. 그 기도는 엄청난 기쁨과 평화로의 초대다. 우리가 발전시킬 작은 습관은 조화롭고 매력적이며, 가치 있으며 도전적이어야 한다. 처음에는 감지하기 어렵지만 단순하게 자비심을 증진시킴으로써 자기 자신에 대한 이해가 깊어질 것이다. 또한 다른 이들과 자신을 나누면서 영적인 삶을 살 수 있게 된다. 이 이상 더 좋은 것이 있을까?

성찰하기

묵상을 배운다는 것은, 우리가 기쁠 때마다 '양심의 가책'을 느끼게 되거나 '자신이 무가치하다고 인식'하는 인위적인 방법을 배우는 것이 아니다. 그것은 습관적인 냉담, 무감각, 엉뚱한 생각, 오만함, 단순한 현실을 받아들이지 않는 것, 혹은 하느님의 의지에 저항하는 것에서 차츰 자유로워짐을 의미한다.

— 토마스 머튼

마음을 설레게 하는 기도의 삶이란 무엇일까? 앞에서 다룬 것들 중 기도의 '작은 습관'을 발전시키기 위해 포함하고자 하는 요소는 무엇인가? 기도의 삶을 심화시키기 위하여 택하고 싶은 다음 단계는 무엇인가? 그것이 내게 큰 의미가 있는 것이라면 바로 시작하라.

> 열네 번째 영적 가르침

**매일 영성적인 삶을 설계해 나가려면,
기도와 묵상의 '작은 습관'을 발전시켜야 한다.**

이렇게 하면 삶이 헛되이 지나가 버리거나 원하지 않는 방향으로 흘러가지 않도록 막을 수 있다. 또한 삶의 모든 경험 안에서 하느님의 현존에 민감해지고 늘 깨어 있게 될 것이다.

— 제3장 —

단순한 자비심 키우기

사람들이 살아가는 세상은

서로가 서로에게 피난처가 되어 주는 곳이다.

— 아일랜드 속담

∫

얼마 후면 사제품을 받게 될 한 청년이 있었다. 그는 친구에게 헨리 나우웬 신부의 책을 선물받게 되었다. 그리고 피정 중에 이 책을 읽으며 묵상했는데, 특별히 한 구절에 감명을 받았다. 그는 자신의 예술가적 기질을 발휘해, 숲에서 조약돌을 하나 찾은 뒤 그 위에 줄을 그려 넣고자 했다. 자신처럼 곧 사제품을 받게 될 친구에게 선물하고 싶었던 것이다. 그는 마음에 드는 조약돌을 찾기 위해 땅을 살피며 둘러보고 있었다. 그때 같이 피정에 참가 중인 한 사람이 말을 건넸다. "뭘 잃어버렸나요?"

청년은 고개를 들고, "아니요."라고 대답하며, 자신이 조약돌을 찾는 이유를 말해 주었다. 그러자 그 사람은 웃으며 이렇게 말했다.

"제가 헨리 나우웬입니다. 같이 찾아보죠."

하느님을 "함께 찾는다."라는 말은 자비심을 완벽하게 설명한다. 자비심은 무언가를 무조건 해 주거나, 지나치게 격의 없는 것이 아니다. 이는 영적인 태도와 기도로 충만한 삶에서 자연스럽게 우러나오는 것이다. 그러나 자비로운 마음으로 산다는 것이 결코 쉬운 일은 아니다.

자비로운 사람이 되는 일이 아주 지치고 좌절감을 느끼고 시간 낭비처럼 보일 수도 있다. 남을 도우려고 할 때 가끔씩은 내 삶의 에너지가 빠져나가 버리는 듯한 느낌이 들 때가 있다. 그렇지만 자비로운 사람이 되지 않는다면 살아남기 위한 에너지를 과연 어디서 얻을 수 있을까? 마음의 상처를 심하게 입었을 때에 희망과 열정은 천천히 빠져나가고, 삶은 지친 회색빛이 된다. 역설적이게도 바로 이때 다른 이에게 강박감 없이 자연스럽게 다가갈 수 있다. 이는 마치 강박감을 극복하고 본래의 자신이 되어 자유로워지는 것과 같다. 이때 지치지 않고 새로운

> **상승 작용**
>
> 기도하는 마음 — 자기 인식 / 자기 사랑 / 하느님의 사랑 — 자비심

전망으로 흥분하게 된다. 자비심은 스스로 깨우치고 기도 생활을 함으로써 '상승 작용'이 생긴다. 그 상승 작용 중심에는 자기 인식과 확고한 자기 사랑과 하느님의 사랑이 있다.

상승 작용을 통해 내 안의 하느님과 다른 사람 안의 하느님이 만나게 된다. 또한 중요한 것이 드러나고, 배우게 되며, 서로 나누게 된다. 상승 작용은 역동적이기에, 여러 가지 다른 방식으로 계속해서 일어난다. 겸손함으로 지식은 지혜가 되고, 자비로움으로 본질은 사랑이 된다. 사랑으로 모든 것이 새로워진다. 자비심은 기도의 삶을 생명 넘치고 현실적이며 의미 있게 해 준다. 또한 믿음이 약해졌을 때 이를 되살려 내기도 한다. 독일의 신학자이자 신비주의자인 카를 라너에게 한 청년이 다가와 자신

의 믿음을 강하게 해 줄 책을 알려 달라고 했다. 그는 이렇게 대답했다. "그런 책은 없다네. 밖으로 나가 뮌헨에 살고 있는 가난한 이들을 도와주게나."

카를 라너는 청년의 영성적인 질문과 의문에 대한 답을 바로 자비심에서 찾을 수 있으리라 생각했던 것이다.

때로 기분이 정말 가라앉는 날에는 다른 이들에게 해 줄 게 거의 없다. 그러나 그런 때에도 마음속에 자비심이 자리잡고 있다면 어떨까? 쓸데없이 퉁명스러운 말을 내뱉기보다는 침묵하며, 아무런 도움을 줄 수 없더라도 최소한 다른 이에게 골칫거리가 되지는 않을 것이다. 상승 작용은 언제나 자비심을 염두에 두고 있을 때 완성된다. 결국 영성적인 삶은 진실한 삶이 되어 인생 전체에 '긍정적으로 투영될 수 있는' 가능성이 생긴다. 내 삶이 영성적인 삶으로 송두리째 바뀌는 것이 진정한 바람이지 않은가? 단순한 자비심을 키우려면 다른 이에게 다가가는 것뿐 아니라 기도를 실천해야 한다. 기도는 새롭고 신비로운 방식으로 하느님을 맞이하는 것이다.

진정한 고결함 깨닫기

자비심의 본질이자 기도의 열매는 고결함이다. 아브라함 조슈아 헤셀은 인생이란 상승 작용이 완성되는 것이라고 말하였다. "내가 찾는 것은…… 가치 있고 늘 한마음으로 기도하며 사는 것이다." 하지만 다른 이와 의미 있는 방법으로 나 자신을 나누는 것이 진정한 인생의 의미인데도 이를 쉽게 포기하는 경우가 있다. 삶의 문제가 너무 크기 때문이다. 의기소침해졌을 때는 아무리 노력해도 어떠한 결실도 이루지 못할 거라고 생각하게 된다. 혹은 도움을 주는 과정에서 완전히 의기가 꺾이기도 한다.

나는 이럴 때 소말리아에서 굶주리는 이들을 위해 일

하는 한 의사의 말을 되새기곤 한다. 그에게 어떻게 절망과 공포를 이겨 냈는지, 또 그런 악조건 속에서도 계속 일을 할 수 있었는지 물었다. 그러자 이렇게 대답했다.

"친구를 만들어 가는 한, 희망이 사라지지 않더군요."

인간은 성공하거나 다른 이들의 박수갈채를 받기 때문에 고결한 존재가 아니다. 결과에 상관없이 좋은 일에 뛰어드는 삶은 명예롭고 본받을 만한 가치가 있다. 우리는 성공하는 이로 부름을 받은 것이 아니라 충실한 이로 부름 받았다. 그러기에 하느님께서는 우리에게 좋은 일에 적극적으로 뛰어들라고 하신다. 바로 이러한 믿음의 행위는 그 결과가 미미하게 보일지라도, 자비로운 마음을 지닌 행동을 통해서만 희망과 비전을 줄 수 있다.

오늘날 많은 이들은 고결함은 얻을 수 없는 것이라 여긴다. 비관주의가 득세하고 있으며 희망을 갖기도 힘들다. 더군다나 대중 매체가 이러한 부정적인 경향을 더 부추기고 있고, 우리 시대의 영웅이 가짜임을 폭로하는 데 혈안이 되어 있다.

선한 일을 하는 이들을 매스컴에서 처음 소개할 때는

거의 '신'과 같은 존재로 부각시켜 추앙한다. 그러면서 앞다투어 과도한 칭찬을 쏟아 내다가도 어느 순간 그들의 약점을 들추며, 모든 게 가짜라고 폭로하며 소동을 일으킨다. 이러한 과정에서 여러 불행한 일이 일어나는데 그 중에는 다음과 같은 메시지도 포함된다. "이 세상에는 참으로 거룩하고 선한 사람은 없다. 너희의 우상은 다 가짜다. 그러므로 누군가를 믿거나 고결함을 얻을 수 있다고 생각한다면 바보다."

그저 작은 선행을 하려는 이들에게 일부 대중 매체와 많은 사람이 이런 말을 한다는 것은 참으로 부끄러운 일이다. 그들은 자신을 성스러운 사람이라 불러 달라고 한 적도 없다. 또 그들의 결점이 만천하에 공개되어야 할 이유도 없으며, 가짜라고 지탄받아서도 안 된다.

어떤 이가 내게 세상에 만연한 부정적인 경향에 대해 물었다.

"세상에는 왜 그렇게 많은 악이 있을까요?"

나는 이렇게 대답했다.

"내가 더 멋진 질문을 가르쳐 줄게요. 오늘날 이 세상에는 악이 날뛰고 있는데도, 좋은 일을 하려는 사람은 왜 그렇게 많을까요?"

고결함의 근원은 바로 내 안에, 이 세상에, 공동체 안에, 나의 가족과 친구들 안에 존재한다. 비록 매번 실패할지라도 이 사실을 꼭 기억하고 믿고 따라야 한다.

한번은 사목자들 앞에서 이런 이야기를 했던 적이 있다.

"여러분은 제게 용기를 줍니다. 물론 그것은 완벽함에서 오는 것은 아닙니다. 저 역시 사람들을 치유하는 데에 도움을 주는 직업을 가지고 있기에 이 사실을 잘 알고 있습니다. 아마 좋은 일을 하는 가운데 많은 실패를 경험하시겠지요. 제가 여러분이 사목하시는 병원, 커뮤니티 센터, 학교, 사제관, 수도원을 지나칠 때 감명을 받는 것은 성공했기 때문이 아닙니다. 오히려 고결하고 선한 일에 투신하는 모습에 감명을 받고, 그로 인해 용기를 얻기 때문입니다. 저는 다른 이들이 나를 볼 때도 그런 감명을 받았으면 좋겠다고 생각합니다. 잘못을 했을 때 나의 죄와 결점을 솔직히 인정하고 한마음으로 기도하며 살아가는 것. 바로 이것이 우리가 고결함을 추구하는 삶입니다."

이처럼 자비로운 마음을 갖는 것은 믿음의 생활로 가능하다. 우리는 슬픔, 상실감, 두려움 등을 치유해 주시는 하느님을 찾아야만 한다.

성찰하기

 자녀가 존경심을 느낄만한 행동과 태도를 스스로 보여 주지 못하는데, 부모를 존경하리라 믿는 것은 문제다. 존경심은 강요된 만족이 아니다. 편견을 극복하고 거룩함을 감지하고 거룩함을 향해 노력하는 행위다.

— 아브라함 조슈아 헤셀

 거룩하게 살도록 하는 원동력은 과연 무엇인가? 내 안에서, 그리고 이 세상에서 자비심을 갖지 못하도록 방해하는 것은 무엇인가? 자비심을 지니고 살아가면서, 내가 가지고 있는 에너지를 써 버려도 지치지 않고 오히려 얻을 수 있는 방법은 무엇일까?

열다섯 번째 영적 가르침

거룩하게 살아가는 것,
그것은 가치 있는 목표일뿐만 아니라,
모든 이가 힘을 내어 선을 드러낼 수 있도록
인간을 창조하신 하느님을 경배하는 행위다.

누구나 가슴속에 품고 있는 하느님의 사랑을 독특한 방식으로 다른 사람에게 보여 줄 수 있다. 그가 이를 알아차리거나, 이해하거나, 받아들이거나 말거나 상관없이 말이다.

믿음 안에서 이런 행동을 하는 것은 이 세상에서 공개적으로 하느님께 찬미를 드리는 방법이다.

슬픈 영혼을 위한 치료제

나는 스스로를 행복한 사람이라고 생각한다. 하지만 아주 작은 일로도 기쁨이 깨진다거나 하루가 슬픔으로 채워지는 걸 경험하면 늘 놀라게 된다. 이때 내 영혼은 영원히 눈물을 흘릴 것만 같고, 이 경험 때문에 뒷걸음질 치게 되는 것 같다.

이러한 일을 겪으며 나 자신에 대한 중요한 사실에 눈을 뜨게 되었다. 그리고 다른 이들에게 더 주의를 기울일 수 있게 되었다. 인간은 나약하다. 사소한 일에도 쉽게 좌절하고 몇날 며칠씩 우울한 시간을 보내게 된다. 우리가 얼마나 쉽게 좌절하고 상처받는지 깨닫게 되면, 다른 이들에게 더 친절해지려고 노력하게 될 것이다.

좌절, 상처, 성폭력, 자녀의 죽음, 심각한 상실감, 부상, 사고 같은 정신적 외상은 사람들에게 심각한 영향을 끼친다. 그리고 여러 해 동안 정상적인 삶을 살아갈 수 없게 한다. 그러면 도움을 받고자 할 때도 여러 복잡한 문제로 인해 어려움을 겪는다. 그래서 어떤 때는 나를 가장 잘 도와줄 수 있는 사람조차 내 근처에 오지 못하게 하면서 더 어려움을 겪기도 한다.

어린 시절에 사랑과 관심을 받지 못한 이들은 다른 사람의 도움을 받아들이기 어려워한다. 좋은 일을 해 주려고 아무리 애를 써도 화내고 오해하며 감사할 줄 모른다. 또한 갑자기 화를 내거나 요구 사항이 많아지기도 한다. 그러나 바로 이때 그들의 말을 들어 주고, 불쾌한 태도를 보여도 이해하려고 노력해야 한다. 쉽지 않지만 자비심을 가지고 그들의 말을 들어주는 것이 좋다.

"누가 너에게 천 걸음을 가자고 강요하거든, 그와 함께 이천 걸음을 가 주어라."(마태 5,41)라는 성경 말씀을 실천했는데도 우리가 자신들을 위해 열심히 노력하지 않았다고 말한다면, 이는 "아무도 나의 깊은 고통을 진정시켜 주지 못할까 봐 겁나요."라는 뜻이다. "당신은 이해 못해요."라고 말할 때는 다른 열 사람이 했던 것보다도 더 많은 시간 동안 노력했지만, "당신은 여전히 나의 고통을 덜어 주지 못하고 있어요. 내 끔찍한 상태를 이해하지 못할까 봐 걱정돼요."라는 뜻이다.

슬픈 영혼을 낫게 할 치료제에는 여러 종류가 있다. 그저 들어주는 것만으로 충분한 경우가 있고, 또 의견을 말해 줘야 할 경우가 있다. 또 어떤 경우는 배려해 주면서도 적당히 선을 그을 필요가 있다. 그래야 현실을 살아가는 방법을 배울 수 있기 때문이다. 그들에게 다른 사람이 있을 때는 나 자신을 소진시키지 말아야 한다. 그러나 어떤 경우에나 나의 기쁨과 평화를 전해 줄 수 있어야 한다. 그렇게 하려면 그들을 배려해 주고, 경청하고 관심을 가져야 하며, 그들이 원하는 경우 문제를 해결해 주기도 해야 한다. 그리고 무엇보다 이에 대한 감사의 표현을 기대하지 말아야 하는 것이 중요하다. 또한 다른 이가 내가 제안한 대로 따라야 한다고 강요해서도 안 된다. 어떤 결과

나 감사의 표현을 기대하지 말고, 오직 신앙을 통해서만 만족을 얻어야 한다.

인내심과 더불어 함께하는 마음이야말로 진정한 치료제다. 어떤 결과나 감사를 바라는 욕구를 버리고, 다른 이들과 함께 연대를 유지한다면 서로에게 큰 은총이 될 것이다. 우리와 행복을 함께 나눈 이가 영적으로 깨어 있다면 하느님의 은총을 볼 수 있도록 어느 정도 도와줄 것이다. 이는 우리의 눈이 감사나 성공을 바라는 마음으로 어두워져 있지 않을 때 가능하다. 그것은 자비심과 관련된 영적 신비다. 그리고 다른 이를 마음으로부터 받아들일 때, 삶이 더 나은 방향으로 바뀐다는 사실도 알게 된다. 이럴 때는 강박감이나 두려움을 갖지 말고 그저 기도로 충만해지도록 노력해야 한다.

성찰하기

당신의 발아래 나의 꿈을 펼쳐 놓았소. 사뿐히 밟으시오. 당신이 밟는 것이 내 꿈이오니…….

— W. B. 예이츠

자비심을 가질 때 명심해야 할 두 가지 중요한 교훈이 있다. 바로 신앙으로 충만해야 한다는 것, 그리고 자신의 한계를 인정해야 하는 태도다. 어떻게 하면 신앙심이 더 커질까? 도움이 필요한 이가 나에게 화를 내거나, 원하는 도움을 주지 않아서 실망했다고 말할 때 죄책감이나 화를 내지 않고서 자신의 한계를 인정하려면 어떻게 해야 할까? 감사해야 할 일이나 좋은 결과가 있을 때는 하느님의 현존을 발견하기 쉽다. 하지만 아주 어려운 상황일 때 하느님의 현존에 눈을 뜨려면 어떻게 해야 될까?

(열여섯 번째 영적 가르침)

사람의 영혼을 진정시키는 치료제로서,
하느님의 부드러움을 드러내는
우리에게 필요한 두 가지 사항이 있다.
나의 한계를 아는 것,
그리고 결과에 연연하지 말고
참된 믿음을 갖는 것이다.

모든 것을 진심으로 받아들이기

 크리스마스를 앞둔 어느 날, 나는 작은 전구들로 예쁘게 장식된 집 주변을 걷다 잠시 멈추었다. 문득 마음에서 솟아나는 깊은 감사를 느꼈던 것이다. 하지만 내가 소유한 것에 대한 감사가 아니었다. 물론 나는 정말 많은 것을 가지고 있고, 이 또한 축복이라고 생각한다. 그러나 내가 진심으로 감사했던 바는 이런 것으로 느낄 수 있는 따뜻함이었다.

 이런 생각을 하다가 플로리다에 있는 딸에게 전화를 했다. 딸아이는 크리스마스에 집에 올 수 있게 되어 정말 행복하다고 말했다. 그리고 집에 오면 우리의 작은 집에서 하느님을 느낄 수 있기를 바란다고도 말했다. 나는 딸에게 집이 크리스마스 장식으로 꾸며 놓아 얼마나 멋있는지 말해 주었다. 이 모든 것이 특별하게 느껴지는 이유는 온 가족이 함께 따뜻한 가족애를 느끼면서, 하느님 이름으로 한데 모인다는 진정한 의미를 알게 되기 때문이다.

몇 년 전 펜실베이니아주 웨스트체스터에서 메릴랜드로 이사 갈 무렵, 어느 만남으로 '집'에 대한 의미를 아주 분명히 깨닫게 되었다.

집을 팔려고 내놓은 지 석 달 쯤 지났을 때, 한 중년 부부가 찾아왔다. 그들은 십을 둘러보더니 마음에 든다며 집을 사겠다고 했다. 나는 무엇이 마음에 드는지 물어보았다. 남자는 집이 아담하고 깨끗해서 좋다고 말했는데, 부인은 그저 미소를 지으며 가만히 서 있었다. 그래서 나는 "어떤 점이 마음에 드세요?"라고 물었다. 부인은 책장과 작고 둥근 벽난로와 뒤쪽에 있는 미닫이 유리문을 둘러보더니 거의 잠긴 목소리로 말했다.

"평화를 느낄 수 있어요."

이 평화야말로 다른 이가 나의 삶에 들어왔을 때, 즉 '영적인 집'에 왔을 때 그들에게 느끼게 해 주어야 할 진정한 환대다. 복도에서 우연히 누군가를 마주치거나, 공원 벤치에서 오랫동안 얘기하거나, 짧은 전화 통화를 할 때라도 다른 이를 진심으로 대하도록 하라. 그들은 하느님의 평화를 느낄 수 있어야 한다. 그리고 기도하는 삶과 태도에서 평범함, 열린 마음, 영적인 환영을 받고 있다고 느껴야 한다. 그리고 자기 스스로 편안함을 느끼고, 더 나아가 자기 자신을 들여다볼 수 있는 여지를 갖도록 해 주어야 한다.

그들을 진정으로 환대하는 것은 낯선 이에게 보여 주는 '표면적인 친절'과는 다르다. 이는 그들이 현재 있는 모습 그대로 환영받고 있다고 느낄 수 있게 해 준다. 이렇게 할 수 있으려면 먼저 내 안에 그러한 여유가 있어야 한다. 이는 내가 죄를 인정하고 용서받을 수 있으며, 자신에 관해 새롭게 배운 지식으로 앞으로 나아갈 수 있는 여유를 말한다. 토마스 머튼은 간단명료하게 말한다. "실수를 인정하고 계속 나아가라."

그렇게 되면 다른 이도 내가 정직하고 자비심을 가지

고 있다는 사실을 깨달을 것이다. 그리고 용기를 내어 이런 모습을 닮고자 할 것이다. 물론 처음엔 망설여지기도 하지만, 결국엔 상당한 치료 효과가 있을 것이다. 사람들이 좋은 결과를 내는 것을 끝까지 지켜볼 수 없는 경우도 있다. 그렇지만 나는 최소한 그 과정에 참여하려 한다. 인생 여정에서 많은 이들이 내게 해 준 것처럼 말이다.

다소 완고하며, 다른 사람을 쉽게 비판해서 피곤하게 만드는 이들이 있다. 이들은 다른 사람의 환대를 잘 받아들이지 못한다. 그들은 사랑하는 이와 함께 있을 때조차 성마르게 군다. 이런 가시투성이 같은 태도가 얼마나 사람들을 나치게 하는지 너무도 잘 알지만 비판과 비난을 멈추지 않는다. 그리고 이런 자신의 입장을 입 밖으로 소리 내어 말할 수 없지만 마음속에서라도 말하고 있다.

이런 성향은 분노와 비난을 쉽게 드러내므로, 늘 주의하고 조심하면서 완화시키고 고칠 수 있다. 그러나 반드시 매일 노력해야 하며, 영원히 변할 것이라는 자멸적인 환상은 버려야 한다. 또한 실패했을 때 자기 자신을 기꺼이 웃음거리로 만들 용기도 지녀야 한다.

우선 사람들이 나를 어떤 식으로 받아들이는지 알아보아야 한다. 그리고 내가 잘못을 저질렀어도, 하느님께서는 나를 끝없이 사랑하신다는 사실을 알아야 한다. 우리는 성경에서 자비하신 예수님을 볼 수 있다. 예수님을 세 번이나 부인한 베드로 사도, 예수님과 함께 십자가에 매달린 강도, 돌 맞을 위기에 처했던 간음한 여인 등의 일화에서 이런 부분이 드러난다. 또한 서로 윗자리를 차지하려고 속이고 의심하고 다투는 사도들을 참아 내시는 예수님의 모습도 볼 수 있다. 위안받을 곳이 없었던 예수님께서는 슬프지 않으셨을까? 게다가 이러한 사도들을 결코 버리지 않으셨다는 사실이 더 놀랍지 않은가? 예수님께서는 의심했던 토마스 사도와 도망갔다가 다시 돌아온 베드로 사도에게도 굳건한 신뢰를 보이셨다.

우리는 예수님의 행동을 따라야 한다. 마틴 루서 킹 목사나 데스몬드 투투 대주교도 예수님처럼 용서의 정신을 본받아 다른 이들을 받아들였다. 그들처럼 우리도 용서하면서 살아가야 한다. 하느님의 모습을 지니고 살기 위해서는 나 자신을 용서해야 한다. 하느님과 나 자신을 받아들이는 것처럼 다른 이도 받아들일 수 있어야 한다. 무엇보다도 가족, 친구, 동료들과 내가 가장 가까워져야 한다. 사실 누군가와 가까워지는 건 어려운 일이다. 다른 이가 나를 잘 알고 있다는 생각이 들기 어렵고, 또 나 자신이 이런 노력을 무의식적으로 무시하기도 한다.

친절과 따뜻함, 긍정적으로 변화하려는 노력이 때로 저급한 저항에 부딪히기도 한다. 사람들은 자신을 변화시키는 것을 두려워하기도 하며, 좋은 방향으로 개선되는 일이라는 걸 알면서도 용기를 잃는 경우도 있다.

한 청년이 피정 중에 부모님에게 더 감사드리고 더 잘해드려야 한다는 사실을 깨닫게 되었다. 그래서 피정을 끝내고 집으로 돌아온 뒤, 부모님이 자신에게 무언가를 해주었을 때 "감사합니다."라고 말했다. 그랬더니 식사 중이던 아버지가 그를 올려다보고 억지웃음을 지으며 비꼬듯 말했다. "음, 이틀 피정 갔다 왔다고 거룩해진 거냐."

청년은 부끄러웠다. 그리고 그런 결심을 한 것이 바보짓 같아 포기해 버리고 말았다. 그래도 이 이야기는 해피엔딩으로 끝난다. 얼마 후에 가족 중 한 사람이 좋은 일을 하는 그를 보고 또다시 놀렸다. 청년은 그전의 일을 떠올렸고, 다른 이들도 자신만의 두려움이 있음을 깨달았다. 그는 다시는 조롱당하지 않겠다고 결심했다. 그리고 하느님께서 이 사건 안에 현존해 계시고 자신을 환대해 주셨다고 느꼈다. 그런 뒤 여러 해 동안 자신이 성장할 수 있도록 격려해 준 사람들의 얼굴을 떠올렸다.

마지막으로 친구들의 도움도 잘 기억해 두어야 한다. 친구들은 우리가 거절당하고 오해받고 고통스러워할 때, 영적인 도움을 준다.

나 역시 살면서 많은 실수를 저질렀다. 너무도 많은 이들이 나의 실수를 비판하고 평가를 내리기도 하였다. 사람들이 나에게 하는 끔찍한 평가들은 정말 속상했지만, 거의 사실이었기에 듣고 있기 곤혹스러웠다. 어떤 평가에 대해서는 귀를 막고 싶을 뿐이었다. 이럴 때마다 친구들이 건네는 격려와 기도 생활은 나 자신을 인정할 수 있도록 도와주었다. 또한 내게 던져지는 부정적인 말에 예민해지기보다는 어떻게 하든 무시하는 것이 최선임을 이해가게 되었다. 그리고 이런 방식으로 다른 이에 대한 자비심이 조금은 더 커졌으리라 기대한다. 왜냐하면 자비심은 크든 작든 고통을 겪은 후에 얻을 수 있는 가장 좋은 결실이기 때문이다.

대부분은 고통을 겪으면 마음을 닫아 버린다. 고통은 삶을 비관하게 만들어 즐거움을 앗아가고, 슬픔에 빠지게 되어 심하면 우울증에 걸릴 수도 있다. 또한 우리를 너무 화나게 해서 멀리 도망쳐 버리고 싶이지게 하고, 마음의 문을 닫아버리거나 위안거리를 찾아 헤매게도 한다. 또한 잘못에 대한 변명을 자꾸만 반복하도록 만든다. 반대로 좋게 되면 더 친절해지거나 사람들을 더 잘 받아들이게 될 수도 있다. 이것은 다른 사람에게 주는 좋은 선물이 될 뿐 아니라 자신과 하느님께서 함께 있을 수 있는 멋진 방법이기도 하다.

성찰하기

자비심을 지니기는 어렵다. 약하고 깨어지기 쉬울 뿐 아니라, 외롭고 상처받은 사람들과 함께할 수 있는 의지가 필요하기 때문이다. 그러나 우리는 고통에 대하여 이런 식으로 반응하지 않고, 그 고통으로부터 달아나 버리거나 빨리 해결책을 찾으려고 한다.

— 헨리 나우웬

다른 이가 내게 자신의 이야기를 쉽게 털어놓을 수 있도록 마음을 열어 놓고 있는가? 하느님의 사랑과 영적 자긍심을 다른 이와 나눌 수 있는가? 사람들을 진심으로 받아들이는가?

> 열일곱 번째 영적 가르침

진정한 환대는 모르는 이에게
단순히 친절을 베푸는 것만을 뜻하지 않는다.
이는 그들이 삶 안에서 하느님을 찾을 수 있도록
그분과 함께 있다는 사실을 깨닫도록
도와주는 것이다.

분노, 불쾌함, 불신, 원한, 소외에 대해 부정적으로 반응하는 대신, 이해, 인정, 기쁨, 사랑, 평화를 주려고 노력해야 한다. 물론 이것은 끊임없는 실천과 기도를 해야 가능하다.

친절이라는 이름의 은총

친절은 단순하지만 심오하다. 잠깐 베푼 친절이 오랫동안 여운을 남기기도 한다. 삶을 되돌아보면 얼마나 많은 이가 내게 친절과 선행을 베풀었는지 기억할 수 있다. 그중에는 이미 세상을 떠난 이들도 있다. 지금 그분들에게 감사의 말을 전할 수는 없지만, 현실적으로 더 좋은 일을 할 수 있도록 한다. 바로 그들에게 베풀지 못했던 게 있다면 현재 나와 함께하고 있는 이들에게 행하는 것이다. 이는 별로 힘든 일은 아니다.

아이오와주의 시더래피즈라는 도시를 방문했을 때, 어느 외과 의사에 대한 이야기를 들었다. 그는 병원의 환자와 직원들 사이에서 유명했다. 사실 그 병원에는 훌륭한 의사들이 많았지만, 그가 유명했던 이유는 바로 '친절함' 때문이었다.

그는 다른 동료 의사들보다 더 분주하게 움직였다. 그렇지만 환자에게는 '당신을 위해서는 얼마든지 시간을 내겠다.'라는 태도로 다가간다. 그리고 그 옆에 앉아 다리를 쭉 뻗고, 환자의 상태에 대해서 질문을 던진다. 오랫동안 머무르지는 않지만, 마치 환자가 원한다면 몇 시간이고 있을 것 같은 느낌을 준다. 실제로 환자들은 보살핌을 받고 있다고 느끼며 편안해한다고 했다. 그는 환자들과 함께 시간을 보낸 것이나. 가족을 대할 때도 똑같다. 종종 창턱에 걸터앉아 턱을 괴고 가족의 이야기를 듣느라 여념이 없는 그의 모습을 볼 수 있다. 그는 환자를 가족처럼 대하며, 한결같은 관심을 기울인다.

친절은 마음의 여유를 갖고 온전한 관심을 기울이며 나를 다른 이와 나누는 것이다. 그렇게 하려면 나 자신뿐 아니라, 요구와 갈망에서 벗어나야 한다. 사실 하느님께 감사의 기도를 드리며 친절함을 알게 되고, 영성적인 태도를 지니게 된다. 친절은 우쭐대는 것이 아니다. 만일 나 스스로 친절하게 행동하고 있다 느끼면 이는 진정한 친절이 아니다. 친절은 우쭐대지 않고, 내게 주어진 모든 것을 자연스럽게 쏟아붓는 행위다. 때로 겉보기에는 보잘것없지만 진정한 친절을 베푸는 이들이 그렇다. 그들은 자신이 받은 모든 것에 은총을 느낄 수 있는 행운아들이다. 그리고 계속해서 은총을 받고, 이 은총은 또 다른 사람에게로 흘러들어 간다.

내가 알고 지내던 두 할머님이 이 교훈을 분명하게 가르쳐 주었다. 재니스와 조 할머니는 너무나 달랐다. 한 분은 따라야 할 모범이었지만, 다른 분은 그렇지 않았다. 재니스 할머니는 암으로 병원에 입원해 계셨고, 서서히 죽어 가고 있었다. 그분은 소박한 성품에 너그럽고 친절하며 배려심이 많았다. 다른 이의 이야기를 잘 들어줄 뿐 아니라, 멋진 유머 감각도 지닌 분이었다. 하지만 친구인 조 할머니는 달랐다. 욕심 많고 자기중심적이었으며, 불평이 많았다. 가진 것이 많았는데도 결코 행복해하지 않고 동정을 받고자 했다.

하루는 내가 조 할머니에게 전화를 걸어 재니스 할머니가 암 진단을 받았고, 결과가 좋지 않다고 말했다. 그러자 할머니는 잠시 걱정스러운 어조로 대꾸를 해 주는가 싶더니 갑자기 자신이 관절염 때문에 얼마나 힘든지 토로했다. 나는 그분이 욕심이 많을 뿐만 아니라, 자신 말고는 그 누구에게도 진실한 관심을 줄 수 없는 사람이라는 걸 깨닫게 되었다. 그리고 간신히 화를 참으며 이렇게 말했다.

"방금 재니스 할머니가 암 진단을 받았다고 말씀드렸는데, 할머님은 본인 관절염 얘기만 하시는군요."라고 말했다. 그러자 그분은 "자네는 내가 얼마나 고통스러운지 이해 못해."라고 대답했다. 물론 그분의 말이 옳았다. 나는 이해할 수 없었다. 친구가 죽어가는 데도 슬퍼하기는커녕, 자기 처지만 측은히 여기고 한탄하는 그분이 얼마나 슬픈 존재인지 이해할 수 없었다. 그분이 먼저 연락을 해 오더라도 다시는 말하고 싶지 않았다.

이 이야기는 여기서 끝나지 않았다. 그 일이 지나고 몇 주일 후, 나는 재니스 할머니를 방문했다. 방에 들어가니 할머니는 베개에 기대어 혼자 조용히 앉아 있었다. 나를 쳐다보는 얼굴에는 미소와 고통이 교차하고 있었다.

"어떠세요?"

말을 잇지 못해 쩔쩔매는 나를 보면서 할머니는 "괜찮아요."라고 대답했다.

"편안하셔요?"

"내가 편안해 보여요?"

할머니는 그럴 리가 있겠냐는 표정으로 대답하며 웃었다. 고통이 심해 보였다.

"이렇게 해 보세요. 제가 베개를 바로 해 드릴게요."

나는 베개를 바로잡아 주고 나서, 진단 결과와 누가 찾아왔었는지에 관해 이야기를 나눴다.

"전화하신 분은 안 계셔요?"

할머니는 "전화한 사람이 몇 있었죠."라고 하며 가족과 내가 아는 친구들 이름을 줄줄 읊었다. 그러더니 얼굴에 가득 미소를 지으며 이렇게 말했다.

"참, 조도 전화했어요. 당신이 내가 여기에 입원했다고 알려 주었다지요. 그렇게 아프면서도 전화를 해 주다니 얼마나 반가웠는지 몰라요."

갑자기 나는 이 말을 듣고 울고 싶어졌다.

가끔 이분들을 떠올리면서 친절의 진정한 의미에 대해 생각한다. 암으로 고생하던 재니스 할머니는 오래전에 세상을 떠나셨고, 아흔 살이 넘은 조 할머니는 여전히 관절염 때문에 힘들다며 불평한다. 나는 재니스 할머니에게 경의를 표하며 그 불평을 조용히 들어드린다. 그것은 내가 해야 할 친절한 행동이니까.

성찰하기

내가 죽었을 때 장의사조차 애통해할 삶을 살도록 노력하자.

— 마크 트웨인

　친절이란 누군가를 있는 그대로 받아들이는 것이다. 그리고 그들이 사랑받고 있고, 성장하고 있다고 느끼는 인간관계 안에서 자신을 드러내도록 한다. 지금까지 살아오는 동안 나에게 정말 친절히 대해 준 이는 누구인가? 예의상 더 친절하게 대해야 해서 어렵게 느껴지는 이가 주변에 있는지 생각해 보라.

열여덟 번째 영적 가르침

영적 친절함은 다른 이들을
마음으로 받아들이는 것이다.
또한 함께 있을 때 그들이 어떤 태도를 보이든
상관없이 나의 시간과 관심을
기꺼이 내어 주는 것이다.

자비의 삶 살아가기

너무도 많은 이가 어려운 일을 겪으며 지내고, 상처를 받거나, 채워지지 않는 욕구로 매일매일 살아간다. 이들은 지나간 과거의 부정적인 사건과 부족함에서 오는 영향을 다른 이에게 떠넘겨 버린다. 나아가 비현실적인 기대를 하거나 의심에 사로잡히게 된다.

하느님께서는 우리에게 이 문제를 해결하라고 하지 않으신다. 이는 오직 그분만이 하실 수 있는 일이다. 다만 다른 이가 하느님의 선을 경험할 수 있도록 도와주면 된다. 물론 실패할 수도 있다. 타인이 채워 줄 수 없는 욕구가 있음에도 이를 요구할 수도 있다. 이때 우리는 죄책감이나 분노를 느끼게 될까? 또한 오지랖 넓게 많은 약속을 했다가 상처를 받거나 화를 내게 되지는 않을까?

그래도 할 수 있는 일을 해야 한다. 단지 그들을 위해서뿐만 아니라, 나 자신을 위해서이기도 하다. 왜냐하면 자비심은 상승 작용으로 완성되기 때문이다. 자비심이 없다면 나의 내면을 들여다보는 것은 불가능하고, 기도 생활은 억지로 하는 것이 된다. 또한 가장 중요한 점은 다른 이에게 봉사만 할 때는 하느님의 말씀을 잘 알아들을 수 없게 된다는 사실이다.

성찰하기

　봉사는 단순히 개인이나 사회의 변화를 꾀하려는 소망이 아니라, 하느님을 찾으려는 행동이라는 심오한 영적 진실이다. 바로 이 점이 그간의 많은 이들이 가졌던 오해를 풀어 준다. 끊임없이 관심을 갖고 봉사의 삶을 살아온 이들에게서 이런 사실을 확인할 수 있다. 다른 이를 위해 하는 봉사가 내가 성취하고자 하는 변화로 동기 부여가 된다면, 이런 식의 봉사는 오래 지속될 수 없다. 결과가 성공적이지 못하고, 또 내가 한 일로 칭찬받지 못한다면, 우리는 봉사를 계속할 수 있는 힘과 열의를 잃어버릴 수 있다. 슬프고 가난하고 아프고 불행한 이들을 도우려고 많은 시도를 하지만, 그들은 여전히 슬프고 가난하고 아프고 불행하다. 우리는 포기만이 유일한 방법이라고 스스로를 설득하지만, 사실은 냉소와 우울로부터 자신을 건져 내려는 것이다. 확고한 마음으로 봉사를 하라. 가난과 기아와 질병과 다른 어려움을 이겨 내고자 끊임없이 노력하며, 상처받은 이 세상 한가운데에 자비로운 하느님의 현존을 드러내라.

— 도날드 맥닐, 더글러스 모리슨, 헨리 나우웬

자비롭게 된다는 것에 대한 가장 중요한 교훈은 무엇인가? 당신은 자비를 실천함으로써 하느님을 볼 수 있었는가? 자비를 실천할 때 직면하게 될 가장 위험한 것은 무엇인가? 어떻게 하면 그 위험을 우리의 '친구' 혹은 '긍정적인 교훈'으로 바꿀 수 있는가?

열아홉 번째 영적 가르침

**자비심은 나 자신을 깨닫게 하고
하느님을 더 잘 이해하도록 도와준다.
또한 기도의 삶을 통해서
더 좋은 일이 일어나도록 한다.**

봉사는 단순히 하느님께 인정받고, 사람들에게 칭찬받기 위해서 하는 행동이 아니다. 이는 내 안에 있는 하느님의 삶을 나누려는 행동이며, 그분의 신비스러운 현존을 배우기 위함이다. 자비심이 없다면 기도는 자기도취에 빠지게 된다. 그렇게 되면 나 자신과 대화를 나누는 것에 지나지 않을 수도 있음을 간과해서는 안 된다.

단순함에서 찾은 진정한 자유

— 짧은 에필로그

　평범함은 솔직하고 단순하게 하느님께서 의도하신 바 대로 살아가는 것이다. 바로 이때 우리는 자유롭다. 나 자신이 아닌 다른 사람이 되기 위히어 더 이상 에너지를 낭비할 필요가 없다. 이미지는 중요하지 않다. 인정받는 것은 좋긴 하지만 꼭 필요한 건 아니다.

　인간이 죽음을 면할 수 없는 존재라는 사실을 인식하면서 지금 현재를 즐길 때 자유로움을 느낀다. 자유로울 때는 과거의 무거운 짐이나 일어나지 않은 미래에 사로잡히지 않는다. 걱정하지 않고, 다만 현재를 충실히 살아갈 뿐이다. 어떻게 하면 이렇게 될 수 있을까? 어떻게 하면 더 명료해지고, 현재를 살아가며, 자유로워질 수 있을까? 쾌락과 안전에 대한 유혹을 뿌리치고, 기쁘고 평화롭게 살아가려면 어떻게 해야 할까?

이 책은 단순하고 건강하고 확고하며, 진정한 기도의 삶을 살면 가능하다고 대답한다. 기도의 삶을 발전시키려면 세상을 받아들이는 방식인 '영성적인 태도'를 잘 살펴보아야 한다. 이 태도는 우리가 세상을 얼마나 바르게 인식하고 있느냐를 잘 알 수 있게 해 준다. 그러므로 영성적인 태도에 주의를 기울이고 발전시킬 수 있다. 그리고 여러 가지 다른 형태의 기도가 우리의 하루를 발전시킬 수 있도록 '작은 습관'을 반드시 정해야 한다. 마지막으로 자비의 삶을 반드시 실천해야만 한다!

자신의 영적 태도에 주의를 기울이며 작은 습관을 만들고 자비로운 마음으로 인생을 살아간다면, 더 이상 걱정에 사로잡히거나 영원한 상실감에 빠지지 않을 것이다. 대신 영적 지혜의 가르침으로 인생이 먹구름 속으로 들어가는 일은 없을 것이다. 오히려 나 자신이 깨끗한 '하늘'이 될 것이다. 물론 살아가면서 고통의 상징인 구름이 계속 나타나겠지만 결국은 사라질 것이다. 우리가 겪게 될 고난도 태양의 찬란함을 나타내는 축복과 같은 하느님의 사랑을 가르쳐 줄 것이다. 기도의 삶은 죽는 날까지 삶을 충만하게 해 준다. 그러니 무엇을 더 바라겠는가?

부록

더 의미 있는 작은 습관 만들기

이성적이고 효과적인 기도 생활을 위해 지켜야 할 '작은 습관'을 만드는 일은 간단하지만 쉽지는 않다. 그래서 이를 정할 때 궁금할 수 있는 부분과, 그에 대한 몇 가지 아이디어를 실었다. 이를 통해서 더욱 의미 있고 충실한 삶을 살기를 바란다.

- '작은 습관'은 무슨 뜻이며, 이를 발전시키기 위해 어떠한 노력을 해야 하는가?

하느님과의 관계를 발전시키기 위해서는 매일 작은 습관을 지켜야 한다. 기도 생활은 기도의 구조와 훈련으로서 심화되기에 중요하다. 또한 살면서 중요한 것이 무엇인지 잊지 않고, 그다지 중요하지 않은 일상의 일정표 속에 파묻히거나 휩쓸려 버리는 것을 막을 수 있다. 또한 삶에서 중요한 것에 대한 인식이 부주의로 인해 바쁜 일정표에 파묻히거나 사라지지 않도록 막을 수 있다. 오히려 '작은 습관'을 지킴으로써 중심을 잘 잡고 하루를 시작할 수 있다. 영성적인 가치와 내적인 평화 상태에서 나 자신의 재능과 도전, 갈등을 비추어 볼 수도 있다. 하지만 이 습관을 지킨다고 해서 삶의 고통이 줄어드는 것은 아니다. 오히려 살아가면서 필연적으로 만나게 될 고통을 통해 배우고 성장할 수 있도록 도와준다. 또한 하느님의 사랑을 느끼지 못해서 스스로 만들어 내는 쓸데없는 고통을 덜어 준다. 본질적으로 '작은 습관'은 삶이 균형을 이룰 수 있도록 한다.

- 이러한 기도 생활을 발전시키기 위한 첫 번째 단계는 무엇인가?

당신은 아마 공식적인 기도 모임이나 미사 전례에 참여하고 있을 것이다. 매주 미사에 참여하고 있지 않다면,

기도 생활에서 중요한 밑거름을 놓치고 있다는 사실을 명심해야 한다. 공동체 안에서 함께 기도를 하면, 하느님뿐 아니라 서로에게 힘을 받을 수 있다. 다른 이와 함께 하며 혼자가 아니라는 사실을 깨닫게 되는 것이다. 또 개인의 영성적인 실천도 잘 할 수 있게 된다.

미사에 참례하지 않으면 쉽게 열의를 잃게 되거나 자신만의 세상에 고립될 수 있다. 그렇게 되면 묵상을 단순히 혼자 침묵 속에 앉아 있는 일이라고 생각하거나, 혼자하는 기도가 하느님과 고독 속에서 기도하는 것이라고 착각할 수 있다.

- '작은 습관'을 정하는 첫 번째 단계에서 또 다른 중요한 것은 무엇인가?

감사하는 마음으로 가득 찬 침묵과 고독의 시간 역시 건전한 기도 생활에서 아주 중요하다. 우선 묵상이나 기도를 하기 위한 조용한 장소가 있어야 한다. 매일 기도할 수 있는 자그마한 방이나 고립된 공간에서 하는 게 좋다. 아침에는 2분 내지 20분 정도, 저녁에는 10분 내지 20분 정도 기도하면 좋다. 오랫동안 기도하는 것도 좋지만 지속적으로 하는 것이 더 중요하다. 아침에 아무리 바쁘더라도 2분 정도 시간을 내어 보자. 마음을 가다듬고 기도한 뒤에 하루를 시작하고, 잠들기 전에는 단 몇 분이라도 기도로 영혼의 휴식을 취하는 것이 중요하다.

- **침묵 속에서 무엇을 해야 할지 모르는 이가 길을 잃지 않고 의지할 수 있는 기본적인 방법은 무엇인가?**

명상과 기도에는 많은 방법이 있다. 앤소니 드멜로의 《하느님과의 만남》 등과 같은 책을 참고하여 기도하는 자세와 묵상하는 법을 익히도록 하라. 그러나 몇 가지 기본 사항은 기억해 두면 좋다.

첫 번째, 편안하게 앉아서 등을 똑바로 펴고 손을 무릎에 얹는다.

두 번째, 코로 편안하고 깊이 호흡한다.

세 번째, 생각은 자연스럽게 지나가게 하고, 이를 멈추지 마라. 같은 생각이 계속해서 떠오르면 그저 하느님 손에 내맡기고 내버려 두어라.

네 번째, 한 단어로 된 기도문(사랑, 예수님, 친절 등)으로 마음을 모아라.

다섯 번째, 산만해지거나 기도 안에서 길을 잃어도 너무 걱정하지 마라. 다시 한 단어로 된 기도문을 사용하거나 호흡에 집중하면서 기도 속으로 되돌아가면 된다.

- **미사와 묵상 기도 이외에, 이 책에서 제안한 방법들을 어떻게 쉽게 따라 할 수 있는가?**

매주 기도 생활을 강화할 수 있도록 새로운 요소를 추가하는 것이 좋다. 그래서 영적 생활이 인위적으로 되거나, 힘들어지는 것을 피하도록 하자. 하느님과 다른 사람에 대해 자비심과 정의감과 선함을 더 잘 느낄 수 있게 해 줄 요소를 추가하라. 그 예는 다음과 같다.

전화를 걸거나, 어딘가를 방문하거나, 일을 시작하기 전에 잠깐 깊이 호흡을 한다. 호흡을 하면서 하느님께서 나를 얼마나 사랑하시는지 생각한다.

이 책의 첫 부분에서 제시한 지침을 이용하여 하루 종일 하느님과 조용히 대화하라.

성경을 읽고 영적 독서를 하여 영혼을 자라게 하라.

기도 생활과 영성적인 실천에 관심이 있는 친구들과 사귀고 서로 정보를 교환하라.

사람들이 나와 함께 있을 때 어떻게 느끼고 있는지 곰곰이 생각해 보라. 이것은 일상생활에서 영성적인 태도와 자비심에 민감해질 수 있는 방법이다.

영성적인 삶과 관련된 사건이나 느낌을 매일 혹은 매주 기록하라.

- **생기 넘치고 균형 있는 작은 습관을 만들고 유지하는 방법이 있는가?**

자신보다 더 현명하고 거룩한 영적 안내자가 지도를 해 주는 게 좋다. 그러면 극단적이고 불필요한 단계를 거치지 않고 기도 생활에 전념할 수 있다.

- **영적 지도자를 어떻게 찾을 수 있는가?**

영성 모임 혹은 신앙 공동체 사람들에게 묻거나, 영적 지도를 받고 있는 친구에게 도움을 청하자.

- **영적 지도자가 없는 경우, 기도 생활이 건전하고 균형 있는지 어떻게 알 수 있는가?**

'결실'을 살펴본다. 기도할 때, 감정의 기복이 심하거나 스트레스를 많이 받고 안절부절못하며 우울해지는가? 자신이 해야 할 일에 대해 미리 걱정하거나, 혹은 기도 중에도 다가올 일 때문에 걱정이 되는가? 이러한 부정적인 감정은 대개 하느님께 나온 것이 아니다. 그럼에도 불구하고 이를 하느님의 말씀이라고 잘못 생각한다. 이는 우리를 내리누르는 양심과 초자아의 비난이다. 영적 지도자는 징벌을 내리는 마음속 가짜 신에게서 벗어나 나 자신을 사랑하라고 조언한다. 또한 조건 없는 은총을 내려 주시는 살아 계신 하느님께 향하라고 말한다.

하느님을 찾고자 하는 이를 위한 영적 가르침

1. 우리는 항상 은총 속에 있다.
2. 영적으로 깨어 있기.
3. 삶에 여유를 만들어라.
4. 가지려 하지 말고 받아들여라.
5. 하느님과의 계약을 잘 지키면서 살아간다는 것은, 우리가 하느님께 충실해야 함을 의미한다.
6. 우리는 하느님의 예술 작품이다.
7. 지난 일을 걱정하고 미래에 집착하는 자신을 떨쳐 내는 것이 좋다. 그렇게 되면 현재를 즐길 수 있다.
8. 하느님께서 창조하신 그대로, 평범하고 단순하고 솔

직해져라.

9. 매일 새롭고 신선해질 수 있는 장소, 감사한 마음으로 침묵과 고독에 잠길 수 있는 장소를 물색해서 그곳으로 들어가라.

10. 매일 하느님과 정직하게 마음을 열고 자주 대화하라.

11. 성경은 현세적인 사고방식의 고리를 끊어 버린다. 그러니 영적으로 맑은 의식을 지니고 가능한 한 자주 읽어야 한다.

12. 우리에게는 영감을 주고 도전하도록 해 주며 어떨 때는 괴롭히기도 하지만 성장시킬 신앙 공동체의 친구들이 필요하다. 그리고 나의 현재 모습에 낙망하지 않은 채 살아가도록 불러 주는 친구도 필요하다.

13. 성경을 읽고 영적 독서를 함으로써 좋은 메시지를 받아들여라.

14. 매일 영성적인 삶을 설계해 나가려면, 기도와 묵상의 '작은 습관'을 발전시켜야 한다.

15. 거룩하게 살아가는 것, 그것은 가치 있는 목표일뿐만 아니라, 모든 이가 힘을 내어 선을 드러낼 수 있도록

인간을 창조하신 하느님을 경배하는 행위다.

16. 사람의 영혼을 진정시키는 치료제로서, 하느님의 부드러움을 드러내는 우리에게 필요한 두 가지 사항이 있다. 나의 한계를 아는 것, 그리고 결과에 연연하지 말고 참된 믿음을 갖는 것이다.

17. 진정한 환대는 모르는 이에게 단순히 친절을 베푸는 것만을 뜻하지 않는다. 이는 그들이 자신의 삶 안에서 하느님을 찾을 수 있도록 그분과 함께 있다는 사실을 깨닫도록 도와주는 것이다.

18. 영적 친절함이란 다른 이들을 마음으로 받아들이는 것이다. 또한 함께 있을 때 그들이 어떤 태도를 보이든 상관없이 나의 시간과 관심을 기꺼이 내어 주는 것이다.

19. 자비심은 나 자신을 깨닫게 하고 하느님을 더 잘 이해하도록 도와준다. 또한 기도의 삶을 통해서 더 좋은 일이 일어나도록 한다.